高校思政课教学案例集

主 编 徐东升 陈三营 李文斐 谢 俊

上海大学出版社
·上海·

图书在版编目(CIP)数据

高校思政课教学案例集 / 徐东升等主编. —上海：上海大学出版社,2024.5
ISBN 978-7-5671-4979-3

Ⅰ.①高… Ⅱ.①徐… Ⅲ.①高等学校-思想政治教育-教案(教育)-中国 Ⅳ.①G641

中国国家版本馆 CIP 数据核字(2024)第 094975 号

责任编辑　盛国营
封面设计　柯国富
技术编辑　金　鑫　钱宇坤

高校思政课教学案例集

徐东升　陈三营　李文斐　谢　俊　主编
上海大学出版社出版发行
(上海市上大路 99 号　邮政编码 200444)
(https://www.shupress.cn 发行热线 021-66135112)
出版人　戴骏豪

＊

南京展望文化发展有限公司排版
上海华教印务有限公司印刷　各地新华书店经销
开本 710mm×1000mm　1/16　印张 12.75　字数 214 千字
2024 年 5 月第 1 版　2024 年 5 月第 1 次印刷
ISBN 978-7-5671-4979-3/G・3620　定价　78.00 元

版权所有　侵权必究
如发现本书有印装质量问题请与印刷厂质量科联系
联系电话: 021-56475919

目 录

第一编 远大理想 崇高信念

"远大理想 崇高信念"思政课教学案例之一 …………………………… 3
"远大理想 崇高信念"思政课教学案例之二 …………………………… 7
"远大理想 崇高信念"思政课教学案例之三 …………………………… 11
"远大理想 崇高信念"思政课教学案例之四 …………………………… 15
"远大理想 崇高信念"思政课教学案例之五 …………………………… 18
"远大理想 崇高信念"思政课教学案例之六 …………………………… 22
"远大理想 崇高信念"思政课教学案例之七 …………………………… 25
"远大理想 崇高信念"思政课教学案例之八 …………………………… 30
"远大理想 崇高信念"思政课教学案例之九 …………………………… 33
"远大理想 崇高信念"思政课教学案例之十 …………………………… 39
"远大理想 崇高信念"思政课教学案例之十一 ………………………… 42
"远大理想 崇高信念"思政课教学案例之十二 ………………………… 46
"远大理想 崇高信念"思政课教学案例之十三 ………………………… 49
"远大理想 崇高信念"思政课教学案例之十四 ………………………… 54
"远大理想 崇高信念"思政课教学案例之十五 ………………………… 62

第二编 优良传统 民族精神

"优良传统 民族精神"思政课教学案例之一 …………………………… 67
"优良传统 民族精神"思政课教学案例之二 …………………………… 72
"优良传统 民族精神"思政课教学案例之三 …………………………… 76
"优良传统 民族精神"思政课教学案例之四 …………………………… 81
"优良传统 民族精神"思政课教学案例之五 …………………………… 86

"优良传统　民族精神"思政课教学案例之六 …………………………… 90
"优良传统　民族精神"思政课教学案例之七 …………………………… 95
"优良传统　民族精神"思政课教学案例之八 …………………………… 99
"优良传统　民族精神"思政课教学案例之九 …………………………… 103
"优良传统　民族精神"思政课教学案例之十 …………………………… 107
"优良传统　民族精神"思政课教学案例之十一 ………………………… 110

第三编　继承发展　迈步向前

"继承发展　迈步向前"思政课教学案例之一 …………………………… 115
"继承发展　迈步向前"思政课教学案例之二 …………………………… 118
"继承发展　迈步向前"思政课教学案例之三 …………………………… 122
"继承发展　迈步向前"思政课教学案例之四 …………………………… 126
"继承发展　迈步向前"思政课教学案例之五 …………………………… 129
"继承发展　迈步向前"思政课教学案例之六 …………………………… 133
"继承发展　迈步向前"思政课教学案例之七 …………………………… 137
"继承发展　迈步向前"思政课教学案例之八 …………………………… 142
"继承发展　迈步向前"思政课教学案例之九 …………………………… 147
"继承发展　迈步向前"思政课教学案例之十 …………………………… 151

第四编　奋进有为　万象更新

"奋进有为　万象更新"思政课教学案例之一 …………………………… 161
"奋进有为　万象更新"思政课教学案例之二 …………………………… 166
"奋进有为　万象更新"思政课教学案例之三 …………………………… 170
"奋进有为　万象更新"思政课教学案例之四 …………………………… 175
"奋进有为　万象更新"思政课教学案例之五 …………………………… 180
"奋进有为　万象更新"思政课教学案例之六 …………………………… 184
"奋进有为　万象更新"思政课教学案例之七 …………………………… 191

后记 ……………………………………………………………………………… 197

"远大理想 崇高信念"思政课教学案例之一
　　——以李清漪、李清潍的故事为例
"远大理想 崇高信念"思政课教学案例之二
　　——以刘晓浦、刘一梦的故事为例
"远大理想 崇高信念"思政课教学案例之三
　　——以陈若克的故事为例
"远大理想 崇高信念"思政课教学案例之四
　　——以辛锐的故事为例
"远大理想 崇高信念"思政课教学案例之五
　　——以汉斯·希伯的故事为例
"远大理想 崇高信念"思政课教学案例之六
　　——以赵镈的故事为例
"远大理想 崇高信念"思政课教学案例之七
　　——以侍振玉的故事为例
"远大理想 崇高信念"思政课教学案例之八
　　——以高金大队的事迹为例
"远大理想 崇高信念"思政课教学案例之九
　　——以三英烈之父刘永良的故事为例
"远大理想 崇高信念"思政课教学案例之十
　　——以武善桐诱敌跳悬崖的故事为例
"远大理想 崇高信念"思政课教学案例之十一
　　——以苍山暴动的故事为例
"远大理想 崇高信念"思政课教学案例之十二
　　——以龙须崮暴动的故事为例
"远大理想 崇高信念"思政课教学案例之十三
　　——以"中华抗日楷模村"渊子崖为例
"远大理想 崇高信念"思政课教学案例之十四
　　——以大青山突围战为例
"远大理想 崇高信念"思政课教学案例之十五
　　——以西山前村保卫战为例

第一编　远大理想　崇高信念

"远大理想　崇高信念"
思政课教学案例之一

——以李清漪、李清潍的故事为例

【案例正文】

　　李清漪、李清潍兄弟俩出生于当地一个地主家庭,父亲李祥林思想开明,素有革命思想,在清末加入了孙中山发起的同盟会。民国初年,李祥林献房集资,开办了山村第一所学校,倡导新学。受父亲的影响,兄弟俩成年后也纷纷开始寻求并踏上救国救民之路。

　　李清漪,字泮溪,家中排行老三,是马克思主义在沂水的最早传播者、沂水县党组织的创建人之一。9岁入下胡同峪小学,14岁进下小诸葛村育英高等小学。他天资聪颖,爱好广泛,在高等小学读书时,在书法、绘画、篆刻方面便已有一定造诣。1919年五四运动爆发,17岁的李清漪考入了临沂省立第五中学,一年之后,由于不满该校教学保守、管理不善,又于1920年转考进以民主闻名的济南育英中学。在此,他接触了一大批进步青年和爱国人士。1923年,李清漪考入上海大学文学系,翌年,转入社会学系。进入上海大学不久,他就接触了中国共产党的早期革命活动家陈望道、瞿秋白、邓中夏、蔡和森等人,并开始系统地研读马克思主义的著作,积极参加进步学生运动,思想上有了很大的飞跃,接受了马克思主义思想。1924年,李清漪经瞿秋白介绍秘密加入了中国共产党。

　　1926年初,李清漪因病回到家乡疗养,他带给家乡的是人们闻所未闻的马克思主义思想。李清漪一边治病,一边工作。他和胞弟李清潍一起创办了一份《农民小报》,宣传革命,宣传党的政策主张,自己编辑,自己刻印,发放到附近农民手中。用发生在农民身边的故事教育农民,提高他们的阶级觉悟,更广泛地传播了新思想,使文化知识和革命思想在沂水西北部得到了初步普及。在他们的操办下,一所平民夜校在下胡同峪村诞生了,吸收了周围村庄的30余名贫苦青少年到校学习。李清漪和李清潍亲任教师,他们自己编写教材,传播文化知识,向农村进步青年传播马克思主义思想。在他们的教育启蒙下,当时的沂水西北乡发生了一件稀奇事——夜校开班后不久,西北乡附近山上的石头上竟刻满了汉字。原来是上夜校的农民在山上干活时,忙中不忘复习文化知识,于是将所学内容都如数刻在了石头上。

1927年3月,李清漪病情稍有好转,身体依然非常虚弱,中耳炎虽痊愈,但留下了耳背的后遗症,声音小了听不见,可他迫不及待地想要参加工作。1927年4月,清明节的前一天,李清漪动身去济南,计划由济南转赴上海继续参加革命。临行前,李清漪将自己未满周岁的女儿李守慧抱了又抱,亲了又亲。他叮嘱妻子等女儿长大后不要给她裹足,要让她上学识字懂道理。没想到这竟然成为李清漪牺牲前留给家人的唯一遗言。4月6日,李清漪到达济南。不久,蒋介石便在上海发动了四一二反革命政变。于是李清漪被同学挽留,在中共山东区委执委担任技术书记(相当于秘书长)。5月20日,李清漪正在阅读党内文件,因为耳背,没能及时发现前来查户籍的警察。警察闯入房间后,他急忙将手中的密件吞食,引起了警察的注意,从房中搜出了一些进步书刊和党内文件,李清漪不幸被捕。被捕后的李清漪受尽敌人的酷刑折磨,两肋被烛火烧焦。1927年5月23日,李清漪被秘密押往刑场,枪杀于济南千佛山附近的南圩子门外,牺牲时年仅25岁。当时与李清漪一起被杀害的共产党人还有山东早期工人运动组织者鲁伯峻等4人。他们面对敌人的威逼利诱,大义凛然、坚贞不屈,表现出了共产党人富贵不能淫、威武不能屈的大无畏精神,他们以自己的满腔热血和浩然正气谱写了一曲生命的慷慨壮歌。

李清漪遇害的消息传到家乡,母亲悲痛欲绝,3个月后离开人世,四弟李清潍则更坚定了继承哥哥未竟事业的革命意志。沂水西北部的许多热血青年,尤其是受过他革命启蒙教育的青年万分悲痛、义愤填膺,纷纷寻找党的组织,要求加入中国共产党。星星之火,可以燎原,到1927年6月,山东的共产党员发展到1 500多名。

李清潍,字松舟,是李清漪的胞弟。7岁开始就学,少年时代聪颖多才,喜爱书画,好学深思。他16岁考入青州山东省立第四师范,在该校参加进步师生组织的读书会,研读《社会主义讨论集》,开始接受马克思主义思想。读书会在每个星期日组织演讲会,大家各抒己见。李清潍曾以"救国策"为题,力驳当时"体育救国""教育救国"等论调,以为皆非善策,唯有实行社会主义。

1923年春,京汉铁路工人大罢工震撼全国,引起全国工、农、商、学各界的热烈响应。第四师范进步师生也采取行动,发动了要求学校当局"改革黑暗制度,提倡学术自由"的罢课学潮,结果失败,李清漪与其他26名学生被开除学籍。这是他在人生道路上受到的第一个打击,他生病住进了济南医院。在病中他冷静地分析了此次学潮失败的教训,同年8月在兄父支持下考入商科职业学校。

1923年11月,经邓恩铭、王尽美介绍,李清漪加入中国社会主义青年团,也是迄今为止有资料佐证的沂蒙最早三个入团者之一。与之同时在青岛入团的还有李萃之和张肃甫。同年寒假,因家庭经济困难,李清漪中断学业,回到家乡从事教育工作。他在下小诸葛村教书期间,将带回的《晨钟》《向导》《中国青年》等进步书刊送给教师阅读,传播马克思主义思想。1926年,他又与胞兄李清漪创办《农民小报》。之后,他一边教书,一边从事革命活动。抗日战争全面爆发后,他奔赴延安,先后在三原县云阳青训班和延安抗日军政大学学习,1938年4月毕业后被派回家乡从事革命工作,同年11月加入中国共产党。后到山东省战工会干训班学习,毕业后任省战工会民政工作队队员,到泰安发动群众开展武装斗争。1942年起先后任沂北县、益都县司法科科长。1947年调部队工作,曾参加著名的淮海战役,随军渡过长江。南京解放后转业到南京市工作。1955年到中央政法干校学习,1956年毕业后担任南京市公证处主任、雨花台烈士陵园管理处主任等职。1972年6月7日病逝。

李氏兄弟对于马克思主义思想的传播,点燃了家乡人民寻求解放的希望和信心。抗日战争时期,西北乡的埠前村、胡同峪、葛庄等地涌现了大批共产党员,这与李清漪、李清潍早期的努力是分不开的。

(资料来源:临沂市关心下一代工作委员会:《沂蒙精神代代传——党史国史青少年教育简明读本》,教育科学出版社2014年版。)

【思考讨论】

1. 李清漪、李清潍两兄弟为沂蒙地区的革命事业做出了哪些贡献?
2. 从李清漪、李清潍两兄弟的事迹中我们可以得到哪些启示?

【案例解析】

李清漪、李清潍两兄弟始终走在时代前列,较早地接受了马克思主义思想,而且经常利用假期和探亲的机会,回到家乡从事革命宣传,进行了轰轰烈烈的革命运动,传播了马克思主义思想,成为马克思主义在沂蒙地区的早期传播者。正是这些早期的共产党人用马克思主义先进思想文化宣传教育群众,用自己的革命实践和大无畏精神践行了党的性质和宗旨,始终战斗在第一线,发挥先锋模范作用,体现了党的先进性,唤起了民众的觉醒,使当地党的组织和力量不断得以发展壮大,为后来山东根据地的革命斗争奠定了基础。

在革命战争年代,中国共产党始终站在革命斗争的第一线,为中华民族的解放事业抛头颅、洒热血,前仆后继,英勇奋斗,直至革命斗争的最后胜利。2021年7月1日,习近平总书记在庆祝中国共产党成立100周年大会上的讲话中指出:"中国共产党一经诞生,就把为中国人民谋幸福、为中华民族谋复兴确立为自己的初心使命。一百年来,中国共产党带领中国人民进行的一切奋斗、一切牺牲、一切创造,归结起来就是一个主题:实现中华民族伟大复兴。"中国共产党之所以会有如今的成就和地位,其中很重要的一个原因就是它的先进性。

先进性是马克思主义政党的本质属性,是马克思主义政党的生命所系、力量所在。无论是党的整体,还是党的成员,在自身素质、思想觉悟、政治行为等方面,都应该具有先进性,始终走在时代前列,始终走在人民前列,充分发挥其先导、先锋、模范和榜样的作用。

【教学建议】

本案例展现了李清漪、李清潍两兄弟早期在沂蒙地区宣传马克思主义思想,进行革命活动,为沂蒙地区的革命发展和壮大奠定基础的故事。在教学过程中,可通过李清漪、李清潍两兄弟的事迹,帮助学生了解党的性质和宗旨以及党的先进性建设的重要性。

本案例适用于《马克思主义基本原理》第七章"共产主义崇高理想及其最终实现"的辅助教学;同时适用于《思想道德与法治》第二章"追求远大理想 坚定崇高信念"的辅助教学;也适用于《中国近现代史纲要》第四章第二节"马克思主义广泛传播与中国共产党诞生"的辅助教学;还适用于《习近平新时代中国特色社会主义思想概论》第十七章"全面从严治党"的辅助教学。

"远大理想　崇高信念"
思政课教学案例之二
——以刘晓浦、刘一梦的故事为例

【案例正文】

在山东省蒙阴县垛庄镇,曾经有一座颇具特色、声名显赫的大庄园,鼎盛时期有土地5 800亩,山林上千亩,另有酱园、酒店、油坊、百货等店铺,并在上海、济南等地设有商号。住宅是一个占地40余亩的庄园,按八卦图形修建,院中套院,既严密又牢固,人称八卦宅,有房屋160余间,在沂蒙山区可谓首屈一指,堪比著名的栖霞牟氏庄园,庄园的名字叫作"燕翼堂"。"燕翼堂"是垛庄村刘姓大地主的堂号,据说是清朝乾隆皇帝御赐,喻义为展翅高飞,并善为子孙计谋。

"燕翼堂"刘氏家族不仅以资产显赫于世,而且以开明著称,其家族成员受共产党的影响较早,先后有26人参加革命工作,8人为革命献出了年轻的生命。特别是刘晓浦、刘一梦叔侄,作为沂蒙山区最早的一批共产党员,视富贵如浮云、以革命为己任,为革命英勇就义的事迹一直令后人所敬仰。

刘晓浦,名刘昱厚,字晓浦,又名刘小甫、刘泰和等,兄弟四人中年龄最小,故人称"四少爷"。成年后,他娶沂南县高氏小姐为妻。高家祖上做过官,系书香门第,有很好的家风传承。他的妻子是一个大家闺秀,琴棋书画样样精通。二人生有一子二女。这种家境,正是《红楼梦》中所说的"温柔富贵之乡",是许多人梦寐以求的幸福生活。但刘晓浦毅然舍弃这一切,走上了一条为理想、为正义献身的革命之路。

刘晓浦早年在临沂、济南上中学,毕业后考入江苏省南通纺织专门学校。在五四爱国运动的影响下,他多次走向街头、集市,宣传革命思想,揭露帝国主义及其走狗的残暴行径,为此被校方开除。后考入上海大学,在一些著名共产党人的影响和教育下,他接受了马克思主义,树立了共产主义理想,曾写信劝家里把土地分给佃户和贫苦农民,不要再过不劳而获的生活。参加革命之后,更是殷殷劝导家人要为劳苦大众着想,放弃剥削生活,把家产分给穷人,过自食其力的普通人的日子。刘晓浦牺牲后,家人共同践行了他的遗愿:尽全力支援八路军抗日,倾其家产为八路军提供各种物质支援;家中年轻后辈几乎全部参加八路军,参加抗日救国战争;为支持八路军反"扫荡",自愿炸毁"燕翼堂"老宅。他的侄子刘增浩(辽宁省人大常委会原副主任)曾回忆:"我们家的两位烈士(刘晓浦、刘一梦)对我们兄弟姐妹影响是很大的。因为他们是被国民党军阀韩复榘杀害的,两位烈士在外地参加党的地下活动时,曾不断给家中来信,教育家中老人'不要再过那种寄生生活了,共产主义就是要改变那种人压迫人的制度,为劳动人民谋利益……'这样我们从心里就对共产党有了感情,和国民党反动派有仇恨,也与地主阶级开始决裂,所以,抗日战争刚开始,民主改革刚进行,我家的所有房产、土地全部献出,我兄弟姐妹20余人都投入革命,参加抗日救亡运动。"①

1922年夏,刘晓浦由王尽美介绍加入社会主义青年团,次年加入中国共产党。此后,每逢假期刘晓浦就去济南,住在时任山东省参议员的二哥刘云浦的公馆里,协助山东地区党的负责人王尽美通过"平民学会"宣传革命。从上海大学毕业后,他一直在上海、南通、南京等地从事革命活动。1927年起,他担任上海市法南区(今属黄浦区)宣传部长、常委兼宣传部长、组织部长。1929年,中共山东省委遭严重破坏,刘晓浦受党中央的派遣,偕同刘谦初到济南重建山东省委,开展党的工作。刘晓浦在白色恐怖的包围中不避艰险,四处奔走,找地下党员谈心,鼓励他们提高斗争勇气,恢复和建立党的组织,筹备召开省委会议,并秘密走访遇难者的家属,设法营救出几名被捕的共产党员。他还把家中寄来的钱用作党的活动经费。

1929年7月,由于叛徒告密,山东省委机关再次遭到破坏,刘晓浦等人被捕。在狱中,他们坚贞不屈,同敌人展开了顽强的斗争,表现出了共产党员的高风亮节和视死如归的大无畏精神。在被关押期间,刘晓浦的二哥刘云浦变卖家产,携款到济南设法营救,可刘晓浦坚决不肯为了出狱而自首。1931年4月5日,刘晓浦与其侄子刘一梦和邓恩铭、刘谦初等22人被国民党反动军阀韩复榘杀害于济南,史称"四五"惨案。

刘一梦,刘晓浦的侄子,原名刘增容,参加革命后化名刘一梦、刘大觉,在叔伯兄弟14人中排行第五,人称"五少爷",革命作家。他早年毕业于驻临沂的山

---

① 刘长琨:《他视富贵如浮云——记我的祖父刘晓浦烈士》,《百年潮》2012年第12期。

东省立第五中学,后考入南京金陵大学文学系,1923 年转入上海大学社会系。在校受到其叔父刘晓浦和瞿秋白、邓中夏等共产党人的教诲与影响,接受了马克思主义思想,同年由王尽美介绍加入中国共产党。此后,他经常利用假期回乡宣传革命。他从事革命文学的评论和创作,出版的短篇小说集《失业之后》,描绘了工农群众被剥削被压迫的悲惨生活及其反抗精神,塑造了众多的被压迫者和革命者的形象,此书被列为太阳社丛书之一。1930 年,鲁迅在《我们要批评家》一文中称此书为"优秀之作"。

  1928 年,刘一梦奉命到山东省任共青团省委书记。因当时经费困难,刘一梦曾在饭馆当过跑堂,拉过洋车。团省委利用《济南日报》星期刊,办了一个名叫《晓风》的周刊,被叛徒王天生、王复元发觉,他们暗中策划,派叛徒张玉弟以访友为名到《济南日报》印务处侦察。当张走出时,巧遇《晓风》社送稿人韩大华入内,张即在报社门口守候。不久,韩大华走出,张便尾随其后,盯至官驿街。第二天,敌人即将韩大华逮捕。韩大华是《济南日报》记者,并非共产党员,但敌人却从韩的口中得知青年团员李天钧的线索。李天钧在济南八旗会馆任小学教员,是《晓风》社撰稿人的联络员,他每星期二下午 2 时在齐鲁大学西郊墓地与刘一梦接头。李天钧被捕后叛变,答应以照常方法与刘一梦接头,暗引敌人对上述接头地点进行围剿。

  当时党中央已决定调刘一梦去上海,团省委书记由团省委原秘书长宋占一继任,因宋与李天钧之前没有直接关系,刘一梦便和宋占一商定在接头处向宋办理关系移交,同时介绍宋与李天钧接头。在接头时,王复元带领的"行动组"当即抓去宋占一,刘一梦设法脱险,即转道回团省委机关,打算销毁机密文件。不料,宋占一被捕后,敌人立即知道了团省委机关驻地四马路三里庄,遂即赶往搜捕。刘一梦刚到机关,敌人也同时到达,于是刘一梦身陷囹圄。

  敌人对刘一梦软硬兼施,从封官许愿到施行酷刑,他坚贞不屈,守口如瓶,后被监禁在国民党山东省高等法院看守所。在押期间,他继续坚持狱中斗争。1931 年 4 月 5 日,刘一梦与其叔刘晓浦等一起被杀害,牺牲时年仅 26 岁。

  (资料来源:王铭铎:《"燕翼堂"前双燕飞——沂蒙革命先驱刘晓浦、刘一梦的故事》,《党员干部之友》2013 年 3 期。)

【思考讨论】

  1. 刘晓浦、刘一梦叔侄俩为什么能够视富贵如浮云,为革命抛头颅、洒热血?

2. 刘晓浦、刘一梦叔侄俩的故事对于当代大学生树立正确的理想信念具有哪些指导意义?

【案例解析】

刘晓浦、刘一梦叔侄之所以能够视富贵如浮云、以革命为己任,就是因为在他们心中有着一份崇高的理想和信念,为了这份理想和信念,他们可以抛家舍业,放弃荣华富贵,乃至牺牲生命。科学而崇高的理想信念,是照耀人类前进的灯塔。一个民族、一个国家、一个政党的发展壮大,莫不与其具有坚定的理想信念有关。习近平总书记指出,坚定理想信念,坚守共产党人精神追求,始终是共产党人安身立命的根本。理想信念就是共产党人精神上的"钙",没有理想信念,理想信念不坚定,精神上就会"缺钙",就会得"软骨病"。坚定理想信念是共产党人的永恒课题,需要咬定青山不放松,在精神上不断补"钙",真正做到坚定不移、矢志不渝。中国共产党百年的奋斗历史充分证明,坚定的理想信念是共产党人能够经受住任何考验的强大精神支柱,是我们党能够取得一个又一个胜利的重要原因所在。

刘晓浦、刘一梦叔侄俩被捕入狱之后为了革命理想和信念宁死不屈,他们用生命诠释了共产党人的信仰和忠诚。

【教学建议】

在教学过程中,可以通过刘晓浦、刘一梦叔侄俩为了革命事业不惜抛弃荣华富贵甚至生命的故事,让学生了解坚定理想信念的重要性,帮助学生树立共产主义远大理想、坚定共产主义崇高信念。

本案例适用于《马克思主义基本原理》第七章"共产主义崇高理想及其最终实现"的辅助教学;同时适用于《思想道德与法治》第二章"追求远大理想 坚定崇高信念"的辅助教学;也适用于《中国近现代史纲要》第四章第二节"马克思主义广泛传播与中国共产党诞生"的辅助教学;还适用于《习近平新时代中国特色社会主义思想概论》第十七章"全面从严治党"的辅助教学。

"远大理想 崇高信念"
思政课教学案例之三

——以陈若克的故事为例

【案例正文】

在抗日战争中,有一位"江姐"式的女英雄壮烈牺牲在沂蒙大地上,她就是伟大的英雄母亲陈若克。2014年9月1日,国家民政部公布了第一批300名著名抗日英烈和英雄群体名录,陈若克名列其中。

陈若克,原名陈玉兰,又名陈雪明,广东顺德人,中共中央山东分局书记朱瑞的妻子。她1919年出生于上海,父亲是一个报馆的小职员,母亲是个婢女出身的家庭妇女。从8岁起,她上过一年半的小学。父亲病故后,年幼的陈若克便同母亲一起进工厂做工。由于她斗争性强,厂方及一些不良分子对她望而生畏,她赢得了工人的拥戴。当时流传着一句话:"小广东,凶来兮咧!"于是,她"小广东"的名号便在工人中广泛流传。

1936年8月,陈若克加入了中国共产党,并成为党支部负责人之一。1937年,淞沪会战爆发,陈若克随厂迁往武汉,后又辗转到达山西晋城。1939年6月,陈若克跟随丈夫朱瑞一起来到山东抗日根据地,先后任山东临时参议会驻会议员和山东妇联执委会常委。1941年深秋,日本侵略者大举"扫荡"沂蒙山区,陈若克所在的部队要立即转移。当时她已有8个月的身孕,房东劝她留下来,她谢绝了:"我是个领导干部,要是为了个人安全躲起来,怎么号召同胞们去抗战?"

她与朱瑞结婚3年多,他们的第一个孩子生下时,正值敌人"扫荡",孩子因患重病无法医治夭折。这次又赶上敌人大"扫荡",形势更加恶劣。在突围过程中,陈若克和分局后勤人员一起藏身在大崮顶上,负责检查被服厂、伤病员的隐蔽和转移工作。11月7日,敌人突袭大崮,飞机、大炮轮番轰炸。掩护部队在打退敌人的几次进攻后,决定紧急撤退。这天夜里,陈若克挺着大肚子在同志们的帮助下艰难地行进,由于阵痛加剧,她的行动越来越缓慢,渐渐与突围的队伍失去了联系。后来,日军攻占了大崮山后,发现八路军已经撤退了,便组织了几个小分队搜寻掉队的八路军伤员。

一群日本兵拥了上来,陈若克下意识地掏枪,可是,手枪在大崮山被别的同志带走了。她怒目圆睁地徒手与日军拼命,日军一看,这个弱小的女人也太凶了,上去就是一枪托,把她砸昏在地。

陈若克被捕后的两三天,孩子便生了下来。

日军小队并不知陈若克是何许人也,只觉得这个女人很凶,表情凶,说话凶,一点都没有刚生过孩子的柔弱,更不像普通女人似的胆怯。给她吃的,她不要;问她什么,都不说。他们原打算随随便便把她毙了算了,又觉得这个女人不一般,也许很有来头。日军用铁丝捆住陈若克的手脚,把她关在一间小屋里。一天一夜,陈若克水米未沾。这时,沂水县城的电文回来了,让日军小队长把陈若克母女押往沂水县城的宪兵司令部去审问。

在押往沂水宪兵司令部的途中,马夫把陈若克横放在马背上,把她的手脚用绳子拴在马鞍上,而婴儿则被装进马料袋里。婴儿被马草扎得扯着嗓子拼命哭喊,母女俩就这样颠簸了100多里。听着女儿的哭声,陈若克的心都要碎了,但是陈若克强忍着,绝不在日寇面前掉一滴眼泪。

陈若克被押到沂水县城的日本宪兵司令部,直接被送到刑堂。宪兵队队长亲自提审陈若克,她甩给翻译官一脸的坚强和仇恨,不仅翻译官受窘,连宪兵队队长都觉得无言以对了。

此后陈若克也不作声,她一心求死。对于死,她是随时准备着的,早在两年前她就向丈夫要了一支手枪。这次从王换于大娘家分别时,丈夫还提醒她带着手枪,她向丈夫会意地点点头,表示她懂。只是,当她真的想要壮烈赴死时,手枪却没在身边。这次被捕,偏偏给了她更严峻的考验。

敌人恼羞成怒,把陈若克按在地上,用大红烙铁烙在她的背上,她惨叫一声昏死过去。醒来后,陈若克再也不屑于理会敌人。

日寇被陈若克的傲气激得暴跳起来,这次,红彤彤的烙铁又烙在陈若克的胸部、脸部。她一声不吭,直到昏死过去。日本侵略者想用暴力摧毁一个中国女八路的意志,他们却失败了。

陈若克被抬进牢房,她虽然昏迷着,一位先已被俘的狱友杨以淑还是认出了她。原来当年,陈若克小产时,杨以淑曾经为她做过特护。

再看陈若克,紧闭着眼睛,脑袋上包着纱布,厚厚的纱布被血浸透了,伤得很重。杨以淑忍不住哭了。杨以淑看到陈若克旁边还包着个婴儿,婴儿干涩地哭着。

敌人换了一种方法来对付陈若克。他们看到陈若克没有奶,就把一瓶牛奶送到牢里来。"我们已经知道你是八路,你很坚强。可你同时也是孩子的母亲,难道你一点都不疼爱你的孩子吗?"翻译官按着日本侵略者的意思,企图说服陈若克。

孩子饿得几乎哭不出声,干瘪的小嘴一张一合地翕动着,眼神绝望地望着母亲。陈若克的心让孩子揉碎了,却绝不为日寇所动。她坚决地把日寇送来的牛奶摔在地上,决意让孩子跟着她一起绝食赴死。

11月26日,日寇杀害了陈若克母女。刑场上,抱在怀里的孩子的无力哭声唤醒了陈若克,她挣扎着站起来,伸出流血的手,对孩子说:"孩子,妈妈对不住你。你来到这个世上,没有吃妈妈的一口奶,现在就要和妈妈一起离开这个世界了,你就吸一口妈妈的血吧!"说完,咬破手指,把手上的鲜血滴进孩子的嘴里。①

残忍的敌人向她举起了刺刀,在她和孩子身上连捅27刀,年仅22岁的陈若克和孩子一起壮烈牺牲,她的丈夫朱瑞闻讯悲痛不已。

1942年7月7日,朱瑞撰写了《悼陈若克同志》:"她死得太早,因为她才廿二岁!她的死,是革命的损失,妇女的损失,也是我的损失!因为我们是衷心互爱的夫妻和战友啊!但她的死又是党的光荣,妇女的光荣!也是我的光荣!因为她和我们前后的两个孩子,都为革命而牺牲了的。"

(资料来源:张西:《抗战女性档案》,中国青年出版社2007年版。)

【思考讨论】

1. 为什么共产党员陈若克面对敌人和死亡毫不畏惧?
2. 陈若克身上体现出了共产党人的什么精神?

【案例解析】

习近平总书记指出,在我们党百年的历程中,一代又一代共产党人为了追求

---

① 中共山东省委宣传部:《永恒——沂蒙精神与群众路线》,山东人民出版社2013年版,第44页。

民族独立和人民解放，不惜流血牺牲，靠的就是一种信仰，为的就是一个理想。

陈若克面对敌人和死亡毫不畏惧，就是因为她一直坚守着共产党人的崇高理想信念，矢志不渝，为了抗日战争的胜利，为了人民群众的利益，不怕流血牺牲。陈若克用自己短暂的一生，塑造了一个优秀共产党人的光辉形象。她对党和人民事业无限忠诚、对理想信念坚定不移的精神在战火中得到了永生。这种精神跨越时空、历久弥新，无论过去、现在还是将来，都是人民心中一座永不磨灭的历史丰碑。

【教学建议】

本案例向人们展示了一个对理想信念坚定不移、不怕牺牲，忠诚于人民、忠诚于党的抗日女英雄的光辉形象。在教学过程中，可通过本案例让广大青年学生认识到坚定理想信念的重要性。

本案例适用于《马克思主义基本原理》第七章"共产主义崇高理想及其最终实现"的辅助教学；同时适用于《思想道德与法治》第二章"追求远大理想　坚定崇高信念"和第三章"继承优良传统　弘扬中国精神"的辅助教学；还适用于《中国近现代史纲要》第六章"中华民族的抗日战争"的辅助教学。

"远大理想　崇高信念"
思政课教学案例之四

——以辛锐的故事为例

【案例正文】

　　为了永远铭记抗日英烈的不朽功勋,大力弘扬爱国主义精神,凝聚实现中华民族伟大复兴的精神力量,2014年9月1日,民政部公布了第一批在抗日战争中顽强奋战、为国捐躯的300名著名抗日英烈和英雄群体名录。在这份长长的名单中有一对革命伴侣,他们就是双双牺牲于沂蒙山抗日根据地的陈明和辛锐夫妇。

　　辛锐,1918年出生于山东济南的一个资本家家庭。父亲辛葭舟,是一位银行家。抗战爆发后,他积极参加抗日活动,他的家庭成了中国共产党的地下联络点。辛锐是辛葭舟的大女儿,绘画、书法颇有功底,从小就受到爱国主义和进步思想的影响,胸怀爱国大志。辛锐16岁时在济南曾举办以爱国为主题的个人美术展览,将义卖所得之款全部捐给了抗日将士和东北的流亡同胞。才华横溢的辛锐如果出生在和平年代,完全可以成为一名艺术家,然而日本帝国主义的侵略打破了她的梦想。性格坚强的她,为了表达自己的抗日决心,把自己原来的名字辛树荷改名叫辛锐,寓意她要把自己变成一把锐利的尖刀,刺穿敌人的胸膛。

　　济南沦陷后,辛锐满怀民族仇恨,于1938年和父亲辛葭舟及妹妹辛颖一同来到沂蒙山抗日根据地参加八路军,同年加入中国共产党。她先在党校学习,后在《大众日报》社工作,很多人不知道的是,这位才女还是《大众日报》创刊号报头的设计者,报头上的毛泽东画像就是辛锐创作的。1940年11月,为加强阵地宣传,中共中央山东分局决定组建"姐妹剧团",翌年3月8日,"姐妹剧团"正式成立,辛锐任团长,团员20多人。她亲自编写剧本,既当导演,又当演员,演出深受部队战士和广大群众的欢迎。1941年3月,辛锐与时任山东省战时工作推动委员会副主任兼秘书长的陈明结为伴侣。这一年沂蒙山区的战事最为繁忙,为不耽误工作,婚后已经怀有3个月身孕的辛锐还没有来得及体会为人母的幸福,就含泪吞下奎宁流了产,她的身体也因此受到了巨大的伤害。

1941年11月,日本侵略者纠集5万人马,对沂蒙山区进行"扫荡"。八路军第一一五师和山东纵队奋力抗敌。中共中央山东分局直属机关编为几个大队,凭借沂蒙山的有利地形,坚持游击斗争。辛锐率五大队的一个分队20多位女同志随部队转移。11月30日,辛锐的丈夫陈明在大青山阻击敌人时壮烈牺牲。同日,辛锐所在的分队在猫头山与日军遭遇,为掩护同志们撤退,她小腹中弹,紧接着两个膝盖骨受重伤,右膝盖骨全部被打掉。

当晚,她被抬到山东纵队第二卫生所驻地——火红峪村,隐避在聂家。剧团小演员徐兴沛来护理她,见她伤得这样重,眼泪夺眶而出。由于医药奇缺,她的伤处虽经包扎治疗,但仍不时疼痛难忍,每次剧痛,辛锐都要昏迷过去。

在聂家人的提议下,徐兴沛和卫生所的同志又将辛锐送到距聂家半公里远的鹁鸽棚洞隐蔽。在洞中,徐兴沛把煮好的母鸡和花生端到她面前。她刚吃了两三口,又疼得昏迷了过去。徐兴沛急忙唤醒她,一边喂她鸡汤,一边告诉她附近的地形。这个山洞四周乱石纵横,很隐蔽,山洞左上方有个孔,可以看附近的两个山洞,民兵在周围布上了地雷。说话间,只听"轰"的一声,原来是搜山的敌人踩响了地雷,接着是一阵机枪声,敌人嚎叫着:"八路的有,快快出来!不出来,死了死了的!"敌人的喊声和脚步声越来越近,已经走到洞顶的大石板处。徐兴沛担心敌人发现洞口,拿起枪就要冲出去把敌人引走。辛锐两手抓住他的胳膊,镇静地告诉他要沉着。敌人没有发现他们。

辛锐在鹁鸽棚洞住了16天,伤势渐好,但双腿已残疾,不能走路。12月16日,卫生所的同志把她接回火红峪村,帮她洗澡、换洗衣服。

第二天早晨,一股撤退的日寇路过这里,包围了火红峪村。卫生所的两个同志和聂家兄弟急忙抬着辛锐往外突围,但敌人已经追上来了,机枪打个不停。辛锐强烈要求把她放下来。卫生所的两个同志是一男一女,女同志叫韩波,她死死不放手,但辛锐自己坚持,从担架上滚了下来。韩波和那个男同志只好将身上的手榴弹给她留下,一共3枚。他们把她放在两块大石头之间,翻过一个小山包匆匆离开了。

辛锐把手榴弹放在胸前,用棉被裹着前胸,背靠着大石头坐在地上。

日寇叫喊着"女八路"冲了上来,辛锐扔出一颗手榴弹。一个日寇军官上来了,命令士兵冲上去捉活的,辛锐又扔出一颗手榴弹。日寇大喊:"枪毙!"一颗子弹射中了辛锐。当围上来的日寇企图用力拉开辛锐身上的被子时,突然一声巨响,第三颗手榴弹在日寇中间炸开了。辛锐粉身碎骨,只能看出她靠在大石头上的痕迹。

(资料来源:沂蒙地区妇联:《沂蒙红嫂》,黄河出版社1990年版;张西:《抗战女性档案》,中国青年出版社2007年版。)

【思考讨论】

1. 出生于资本家家庭的才女辛锐为什么会义无反顾地走上革命道路?
2. 青年学生能从辛锐身上学到什么?

【案例解析】

出生于资本家家庭的辛锐,本可以成为一名艺术家,但她为了抗日战争的胜利,义无反顾地放弃在大城市养尊处优的生活,奔向经济上贫穷落后的沂蒙山区抗日根据地,甘于吃苦,乐于奉献,积极参加革命斗争。为了不连累战友,她命令别的同志突围,自己则用手榴弹与敌人同归于尽,走完了短暂而又悲壮的人生。从她的身上,我们能够感受到深厚的爱国主义情怀,视死如归、宁死不屈的民族气节,能够感受到伟大的民族精神,这种精神是中国人民弥足珍贵的精神财富,是永远激励中国人民克服一切艰难险阻、为实现中华民族伟大复兴而奋斗的强大精神动力。无论是新民主主义革命时期、社会主义革命和建设时期,还是改革开放和社会主义建设新时期,我们都需要这种精神。

【教学建议】

本案例展现了巾帼英烈辛锐为了中华民族的解放事业,以革命为己任,不怕牺牲、视死如归的爱国主义精神。在教学过程中,可通过本案例加深学生对爱国主义的认识,从而使当代大学生能够继承爱国主义的优良传统,弘扬中华民族精神。

本案例适用于《马克思主义基本原理》第七章"共产主义崇高理想及其最终实现"的辅助教学;同时适用于《思想道德与法治》第二章"追求远大理想 坚定崇高信念"和第三章"继承优良传统 弘扬中国精神"的辅助教学;还适用于《中国近现代史纲要》第六章"中华民族的抗日战争"的辅助教学。

"远大理想　崇高信念"
思政课教学案例之五

—— 以汉斯·希伯的故事为例

【案例正文】

中国人民的抗日战争，得到了世界上许多友好国家和人民的深切同情与大力支持，以汉斯·希伯、罗生特为代表的国际友人纷纷来到中国，来到沂蒙山区，为中国抗日战争贡献力量，有的甚至献出了自己的宝贵生命。白求恩式的国际主义战士汉斯·希伯先后三次来到中国，把生命的最后 10 年献给了中国革命。2014 年 9 月 1 日，民政部公布了第一批著名抗日英烈和英雄群体名录，汉斯·希伯名列其中。他的辉煌人生和不朽功绩，将永远铭记在中国人民的心中。

汉斯·希伯，德国共产党党员，美国太平洋学会《太平洋事务》月刊记者，国际主义新闻战士。他 1897 年生于奥匈帝国（现波兰），后定居德国。他以马克思主义观点报道中国革命，喜欢研究中国的历史和中国革命问题，对中国人民有着深厚的感情。

1925 年，汉斯·希伯第一次来到中国。作为记者，他思想活跃、眼光敏锐，经常深入底层民众了解中国的实际情况，积极向世界报道中国工人阶级的贫困状况以及他们争取生存和解放的斗争。五卅惨案发生后，针对反动当局的谎言，汉斯·希伯挺身而出，秉笔直书，据实报道。汉斯·希伯揭露"五卅"真相的外文报道发表后，在世界上起到了振聋发聩的作用。1926 年 12 月至 1927 年 5 月，汉斯·希伯在广州，成为中国革命队伍中的一员。蒋介石叛变革命后，他愤而辞职回国，出版了《从广州到上海：1925—1927》一书，评述中国大革命，产生了较大的反响，不仅让更多的外国人了解了中国的真实国情，而且吸引了无数关心中国的读者。

1932 年，汉斯·希伯再次来到中国，在此后的 5 年中，他和妻子秋迪·卢森堡在上海展开了一系列活动，他以"亚细亚人"为笔名在美国《太平洋事务》《亚细亚杂志》和德国《世界舞台》等多家报刊上发表大量关于中国和远东问题的文章，成为世界著名的反法西斯政论家。从1938年春开始，为了深入报道中国共产党领导人民群众英勇抗击日寇的真实情况，他到中国共产党领导的敌后战场进行采访，曾在延安受到毛泽东同志的亲切接见。

为打破日本侵略者和伪军的新闻封锁，使人们进一步了解八路军在山东敌后艰苦抗日的真实情况，汉斯·希伯又来到山东抗日根据地进行采访报道。1941年9月12日，汉斯·希伯在沿途八路军、新四军和老百姓的掩护下，顺利到达沂蒙山区。当时山东抗日根据地的机关报《大众日报》为汉斯·希伯的到来刊登消息说："在抗战中，外国记者到鲁南，还是以希伯先生为第一。"当时，山东抗日根据地在日本侵略者和伪军"扫荡"下，局势动荡不安，战斗生活十分艰苦。一个国际友人不顾自己的生命安全冒险来到这里，极大地鼓舞了抗日军民的士气，使中国人民进一步认识到抗战的国际意义。

汉斯·希伯到达山东后，立刻开始了繁忙的采访工作。汉斯·希伯自己会讲中国话，也能听懂中国话，但在采访时，为了弄清某些问题，他的态度极为认真，常常与翻译再三核证。为了方便汉斯·希伯采访，罗荣桓把自己的一匹枣红马送给汉斯·希伯，但他坚辞不受。他脱下大皮鞋，改穿妇救会员做的"蒙山鞋"，换上八路军的灰棉布军服，佩带短枪，同大家一起爬山越岭，徒步行进。他与普通战士打成一片，凡是接触过他的人，都愿意与他接近，把他亲切地称为"外国八路"。他不仅采访八路军领导、战士和当地群众，还采访被俘日军，并且参加夜袭战斗，实地观察战士们战斗。他白天采访，晚上写作，不知疲倦，别人吃药是为了睡觉，希伯吃药是为了不睡，可以夜以继日地工作。住在他附近的人，夜深人静时常常听到打字机"嗒嗒嗒"的声音，有时一直到天明鸡啼才停止。他写出了《在日寇占领区的旅行》等长篇通讯报道。作为踏上山东敌后抗日根据地的第一位西方记者，汉斯·希伯以其卓越的政治敏锐度和生动的文笔，客观地描述了八路军的抗日活动。他的一系列文章在外国报刊上发表后，引起了外国读者对中国敌后抗日军民的极大关注。

1941年11月，日军集中5万多兵力，对山东沂蒙山根据地中心地区进行了疯狂大"扫荡"，妄图将山东抗日首脑机关及主力作战部队一网打尽。这天夜里，敌人在每个山头都燃起了熊熊大火，将黑夜照得如同白昼，以防止我军突围。但是，两山衔接处照不到，仍黑乎乎的。在罗荣桓等同志的指挥下，八路军依靠地形熟悉、军纪严明，出其不意，神出鬼没，未费一枪一弹，未损一兵一卒，突破了敌人的三道封锁线,从敌人鼻子底下安全突围。"这一夜,是我一生中最难忘的。……我一定把这个奇妙的经历写出来,告诉全世界的人民!"当天,希伯不顾一夜的疲劳,立即写了一篇通讯《无声的战斗》,记述了这个惊心动魄的最难忘的夜晚。《无声的战斗》翻译成中文后,在第一一五师总政治部《战士报》上第一版套红发表。

1941年11月30日晨,汉斯·希伯所在的部队在沂蒙山区的大青山被敌人包围。当时,敌我力量悬殊。敌人的炮火十分猛烈,往往一连十发,成排成排地向被围的军民炮击。为了掩护机关转移,战士们同敌人展开了殊死搏斗,汉斯·希伯也拿起了武器,英勇地投入了战斗。在突围中,汉斯·希伯的翻译和警卫人员全部牺牲。看着倒在身边的战友,愤怒的汉斯·希伯眼里冒着怒火,拼命地向敌人射击,最后不幸牺牲在大青山的五道沟,年仅44岁。

为更好地纪念这位国际友人,1942年,山东军民为汉斯·希伯建立了一座白色圆锥形纪念碑,碑上刻着罗荣桓题写的"为国际主义奔走欧亚,为抗击日寇血染沂蒙"的题词。

1963年,山东人民政府将希伯迁葬于华东革命烈士陵园。新建的希伯墓呈六面体塔形,高9.4米,正面题写着"国际主义战士·太平洋学会记者希伯同志之墓"。墓前为大型汉白玉质的希伯半身坐像,于1989年落成,高2.2米,希伯一手持钢笔,一手持采访本,目光深邃,神态安详,表现出了一位国际主义新闻战士的风采。

1963年麦收时节,希伯的夫人秋迪女士远道来到沂蒙山。临走时她从深爱的丈夫坟旁采了五穗成熟的小麦带走。她说:"希伯长眠在这儿了,这是生长在他墓旁的小麦,我要把它带回去种在德国的土地上!"①

(资料来源:苑朋欣:《汉斯·希伯的中国情愫》,《世纪桥》2007年第18期。)

【思考讨论】

1. 作为一名外国友人,汉斯·希伯为什么会远渡重洋把人生的最后10年献给中国的革命事业?

---

① 王火:《汉斯·希伯——一个牺牲在中国的国际主义新闻战士》,《新闻研究资料》1980年第2期。

2. 青年学生从国际主义战士汉斯·希伯身上可以学到哪些东西？

【案例解析】

为了自己的共产主义信仰，为了全人类的解放，希伯把自己的生死置之度外。正如他的夫人秋迪女士所说，无数先烈在中国人民的解放斗争中献出了他们的生命。希伯同志作为共产党员尽了自己的义务，我们将永远铭记所有的先烈。汉斯·希伯用他奔走欧亚、血洒沂蒙的一生践行了伟大的无产阶级革命导师马克思的一段话："如果我们选择了最能为人类福利而劳动的职业，那么，重担就不能把我们压倒，因为这是为大家而献身；那时我们所感到的就不是可怜的、有限的、自私的乐趣，我们的幸福将属于千百万人，我们的事业将默默地、但是永恒发挥作用地存在下去，而面对我们的骨灰，高尚的人们将洒下热泪。"[①]

当前，我们要实现中国梦，实现伟大的民族复兴，不但需要爱国主义，需要全国各族人民紧紧团结在一起，同样也需要国际主义、人道主义精神，需要国际统一战线，需要像汉斯·希伯那样的国际友人。就像习近平总书记所说，"中国人是讲爱国主义的，同时我们也是具有国际视野和国际胸怀的"。

【教学建议】

本案例讲述了伟大的国际主义战士、中国人民的亲密战友汉斯·希伯的故事，他把生命的最后10年献给了中国革命事业，为中华民族的解放事业做出了重要贡献。在教学过程中，可以通过本案例让学生了解坚定理想信念，树立正确的世界观、人生观、价值观的重要性，以及国际主义和统一战线的重要性。

本案例适用于《马克思主义基本原理》第七章"共产主义崇高理想及其最终实现"的辅助教学；同时适用于《思想道德与法治》第一章"领悟人生真谛　把握人生方向"和第二章"追求远大理想　坚定崇高信念"的辅助教学；还适用于《中国近现代史纲要》第六章"中华民族的抗日战争"的辅助教学。

---

① 马克思：《青年在选择职业时的考虑》，《马克思恩格斯全集》（第40卷），人民出版社1982年版，第7页。

"远大理想 崇高信念"
思政课教学案例之六
——以赵镈的故事为例

【案例正文】

赵镈，陕西省府谷县人，1906年生，早年在汾阳县铭义中学读书，积极参加学生运动。他于1926年加入中国共产党，同年受党的派遣到黄埔军校学习，任黄埔军校地下党组织的支部书记。

1927年大革命失败后，他遵照党的指示，在北平、天津一带从事地下工作，先后两次被捕，坐牢7年。在狱中，他担任党支部委员和学习委员会委员，他和薄一波、杨献珍等同志一起组织难友坚持斗争。他设法从狱外带进马列著作和党的文件，拆成散页，夹在《红楼梦》里传阅。他组织大家学习辩证唯物主义和历史唯物主义，从而把敌人的监狱变成了学习的课堂。1936年西安事变后，赵镈经党组织营救出狱。由于长期牢狱生活的折磨，赵镈患了严重的胃病，身体十分虚弱，但他仍不知疲倦地为党工作。他先后去冀东、津南、冀南、鲁西等地担任党的领导职务。1940年3月，赵镈调任鲁南区党委书记兼鲁南军区政委。他与当时活动在这里的八路军第一一五师密切配合，协同行动。经过一年多的艰苦努力，整顿和发展了党的组织，建立健全了鲁南各群众组织，壮大了抗日武装队伍，还按照"三三制"的原则建立了专区、县各级抗日民主政权，使鲁南根据地得到巩固和发展。

赵镈有着非常强的群众观念，时时处处不忘党的纪律与共产党员本色，他以自己的一言一行和模范行动，树立了党和军队的崇高形象。1940年初夏，赵镈带队检查工作，行军中他的军马不慎滑下田埂，踩坏了瓜田里的两个西瓜。赵镈立刻从马褡子里摸出两枚铜钱，放到西瓜上。第二天，他又专门找到瓜田主人家赔礼道歉。1941年鲁南闹春荒，他带领干部战士帮助驻村群众拉犁春耕，并和群众一样吃糠菜、树叶、薯秧。有一次部队行军经过敌占区青竹湖一带，他发现军队的马正在吃农田里的大豆,立即批评了警卫员小任,并教育他不论在根据地还是在敌占区,都要紧密依靠群众,联系群众。

赵镈坚持原则,对侵犯人民利益的行为从不姑息。当时有个县长贪污腐化,群众影响极坏,经查实后,赵镈立即撤销了他党内外的一切职务,开除党籍。

赵镈始终把自己看作革命队伍中的普通一员,从不搞特殊化,不论写总结报告、订计划、发指示都自己起草。在生活上艰苦朴素,始终和群众打成一片,他身患肺结核、胃病、关节炎多种疾病,上级为了照顾他,批准发给他一瓶鱼肝油丸,他不肯服用,马上派人送到医院,供伤病员养补身体。有一次,部队缴获了敌人一部分小麦,后勤部门悄悄留下100公斤,用于改善赵镈的生活,赵镈知道后,严厉地批评了这种做法,立即派人磨成面粉送给了党校改善生活。

1941年10月27日,国民党顽固派张本枝率团对驻在银厂村的鲁南区党委进行突然袭击,赵镈同志本已冲出包围,但他发现装着党的机密文件的公文包没有带出,便让其他同志继续撤走,自己冒着危险只身返回原地,把机密文件烧毁。就在这时,敌人冲进屋内,党的机密保住了,赵镈同志却不幸被捕。

赵镈同志被俘后,被押送到张本枝团部驻地九女山。开始对他审讯时,他只说自己是营部的文书。后因叛徒告密,他才泰然自若地正告敌人自己就是赵镈,是共产党员。敌人对他始则设宴劝降,诱以高官厚禄,遭到严正拒绝,继则施以各种酷刑,以死相威胁,仍然不能动摇他的共产主义坚定信念。他在法庭上怒斥顽固派张本枝认贼作父,袭击抗日部队的滔天罪行。敌人被驳斥得张口结舌,不得不再增加两个人陪审,并对他劝降。赵镈视死如归。敌人用尽了伎俩仍一无所获,最终对赵镈下了毒手。11月13日深夜,敌人派出一个连把早已遍体鳞伤、行动困难的赵镈押送到村外的九女山下。在临刑前,他仍争取时间向国民党士兵揭露国民党反动派卖国求荣的罪行,宣传抗日救国主张,最后高呼着"打倒日本帝国主义!""中华民族解放万岁!""中国共产党万岁!"等口号英勇就义,时年35岁。①

(资料来源:《清明祭英烈/赵镈》,临沂客户端,2019年3月29日。)

【思考讨论】

1. 鲁南区委书记赵镈严于律己、对党忠诚的表现有哪些?

---

① 山东省临沂地区民政局:《沂蒙英烈》,山东人民出版社1986年版,第110页。

2. 鲁南区委书记赵镈的故事对于当前党的作风建设具有哪些借鉴意义？

【案例解析】

赵镈的一生是短暂而革命的一生、光辉战斗的一生，是为党和人民无私奉献的一生。他是一位坚贞不屈、顶天立地的共产主义战士，为我们留下了宝贵的精神财富。我们缅怀赵镈同志，学习他对党和人民的事业无限忠诚，对理想信念坚定不移；学习他艰苦朴素，始终与人民群众心连心；学习他坚持原则、光明磊落的优秀品质；学习他坚忍不拔、英勇顽强的革命精神。

历史一再证明，密切联系群众，是我们党的最大政治优势。习近平总书记指出："在革命、建设、改革各个历史时期，我们党都坚持紧紧依靠人民。"革命战争年代，正是因为有无数像赵镈这样的好干部、好党员以严明的纪律、爱民政策和模范行动树立了党和军队的崇高形象，以自己不怕牺牲的英勇行为支撑起了救亡图存的希望，让人民看到了中国共产党是一个纪律严明、作风过硬、全心全意为人民服务的党，能够为老百姓带来新生，沂蒙人民才愿意紧紧跟着共产党走，倾其所有，爱党爱军、无私奉献。党的作风、党的形象关乎人心向背，已成为凝心聚力的旗帜，体现了枪炮所不能战胜的力量。

【教学建议】

教学过程中，可通过鲁南区委书记赵镈的故事让学生深刻了解党的作风建设以及坚定理想信念的重要性。

本案例适用于《马克思主义基本原理》第七章"共产主义崇高理想及其最终实现"的辅助教学；同时适用于《思想道德与法治》第二章"追求远大理想　坚定崇高信念"的辅助教学。

"远大理想 崇高信念"
思政课教学案例之七
——以侍振玉的故事为例

【案例正文】

　　她是电影《南征北战》中成功掩护主力部队强渡大沙河的女民兵连长的原型，敌人曾悬赏300块大洋买她的人头，她也曾受到毛泽东同志的亲切接见。她就是被授予"全国女民兵战斗英雄"称号的女民兵——侍振玉。

　　侍振玉，1929年出生在山东临沭县大曹庄村，祖辈逃荒要饭，10个孩子中先后有3个哥哥和1个姐姐夭折，她排行老九。侍振玉出生的这一年又是一个先旱后涝的大灾年，为了不至于饿死，爹妈狠狠心，把两个月大的侍振玉送给人家当了"带女"（即想要孩子而生不出孩子的家庭把她要了去，希望能给他们"带"下个孩子来）。后来，人家生了孩子，侍振玉被送回了家。不久，她又被送到别人家做了"压女"（即生了孩子后总是夭折的家庭把她要了去给"压"着）。就这样直到6岁，她被先后5次送人。也许是苦难的日子磨炼了侍振玉倔强的性格，爬山上树，下河游泳，她样样都行，在小伙伴中是好样的。1940年，村子里组织起了抗日武装，侍振玉参加了儿童团，并成了儿童团团长。她带领孩子们站岗、放哨、查路条……怀着对敌人的刻骨仇恨，17岁的侍振玉加入中国共产党。此间，她先后担任区民兵自卫队队长、区联防队队长、区武装部干事等。她带领民兵组织征收公粮，辗转敌后广泛发动人民群众打游击、埋地雷，打得敌人魂飞魄散。还乡团恨透了她，头目吴亦忠带人天天到她家搜查，并悬赏300块大洋买她的人头。

　　敌人对侍振玉又恨又怕，他们使用"反间计"散布流言，说是她的父亲成了还乡团骨干。当部队打下曹庄以后，侍振玉腰插手榴弹，气冲冲地跑回家找父亲算账。父亲因为女儿当了共产党担心家人遭连累，本身就有一肚子气，便没理侍振玉，到锅屋角落蹲了下来。侍振玉气极了，拔出一个手榴弹拉开弦就扔了出去。可是，手榴弹并没爆炸。原来，拉弦磨断了。正在推磨的三姐见状吓得扑通一声瘫坐在地上,哥哥把侍振玉紧紧地抱住。三姐哭着告诉她不能听别人瞎传,吴亦忠这些坏种抓不着她,又找不着她哥,就拿她们的爹出气,吊打拷问,打得鼻嘴里窜血……正在这时,街上集合的哨子响了,队伍又要出发了。母亲颠着小脚跑到邻居家借了两块银元,塞给了侍振玉,母女洒泪而别。

敌人的威胁没有影响侍振玉继续战斗,在战斗中不断成长的她,大名传遍了沭河两岸、华东大地。1947年,国民党重点进攻沂蒙山区,鲁南地区沦为敌后,一个大雾弥漫的秋天早晨,乡亲们正忙着秋收,忽然有民兵跑来报告,大哨的还乡团和国民党已经出动,正往曹庄方向过来。

怎么办?当时区里的干部都分头下去了,情况紧急,来不及多考虑,侍振玉当即决定派3个人去村口监视敌人行动,不要轻易开枪,放敌人过来。她带领着王金芝等5个女民兵到大路口、街头埋地雷,然后,她又让民兵去独立营报告,请同志们赶快来伏击敌人。经过这一番部署以后,她和战友们往敌人进村必经的村西奔去,然后她们刨坑的刨坑、埋雷的埋雷,并在上面插了三四个"打倒蒋介石、消灭蒋匪军"的标语牌。这些牌子有的连着地雷线,有的下面就是地雷,收拾完后她们就躲起来监视着敌人。

过了一顿饭的工夫,大群敌人蜂拥而至,几个还乡团的匪徒看见标语后气得火冒三丈,正要上去拔,一个小头目急忙喝住了,提醒他们小心有地雷。众匪徒闻雷色变,不由自主倒退了几步。有个匪徒找来一个长杆子,趴在地上战战兢兢地向上挑牌子,其他的匪徒都撅着屁股、捂着耳朵趴在地上。当看见标语牌挑了起来,没什么动静时,小头目便骂骂咧咧地命令手下拔掉。匪徒们一哄而上,只听见"轰、轰"连声巨响,火光冲天,几个匪徒顿时坐上了"土飞机",其余的吓得魂飞魄散,滚的滚,爬的爬。

侍振玉和战友们在山后都看得真真切切,正在敌人们慌乱的时候,她喊了声"打!"山上的枪声响了,吓得敌人更是一路狂奔往据点的方向逃窜,他们逃出二里多地后,又遭到了一阵袭击,原来是独立营的同志们赶到了。侍振玉和她的战友们,看着敌人慌忙中跑掉的鞋子,都高兴地笑了。

1948年春的一天,侍振玉在一次回村通报情报的路上误踩了地雷。只听得"轰"一声,便什么也不知道了。治疗期间,她昏过去六七次,腿上、头上、脸上都受了重伤,眼睛一时也看不见了。后来几经辗转,侍振玉被送到滨海医院的分院进行治疗,但她却因手续不全被拒之门外。侍振玉的哥哥急得哭出声来,可侍振玉却说:"你们不收,我还不在这里住呢!把我抬到前线去,就是死也要死在前线!"

就这样，侍振玉又回到了家中，在家休养了3个月后，伤还没好全，听说独立营的一个连队要到几十里外破坏敌人南逃的公路，她正跃跃欲试想要参加战斗，却又听说连长考虑到天黑路远，一律不让女同志参加。侍振玉心想：别把我们女同志瞧扁了，我们可得为女同志争气。于是，她便和吴新梅绾起头发，戴上帽子，束上皮带，女扮男装，拿着铁锹和锯，趁着天黑，悄悄插入了队伍。

吴新梅是小脚，走路"咯噔、咯噔"响，被连长发现了，叫她们回去。侍振玉和吴新梅装着回去，转了一圈后又偷偷混进了队伍。到了目的地以后，她们和男同志一样锯电线杆、割电线、刨公路、埋地雷……天快亮了，任务完成了，她和吴新梅一人背了一捆电线正准备往回走，却被连长认出来了，连长笑着说："怎么，你们又来了？"侍振玉她们高兴地说："怎么，我们就不能来？"当队伍走到蒙山西边的时候，天已大亮，队伍停下来休息，很多同志躺在泥地里就想睡，而侍振玉却和吴新梅扭起秧歌、唱起歌来。很多战士说："你们不累吗？还蹦呀跳呀的？"连长也说："咱不赶女同志，人家背着电线还扭秧歌！"

后来，听说坐满国民党兵的两辆汽车，刚到刘家埠时，就压上了连队埋下的"铁西瓜"，在爆炸声中上了西天。侍振玉和吴新梅抱在一起，高兴得转了好几个圈。

在炮火连天的岁月里，侍振玉出生入死，共参加大小战斗96次，足迹遍布蒙山沂水。

侍振玉先后受到毛泽东同志接见三次。1949年4月11日，在中国新民主主义青年团第一次全国代表大会上，侍振玉被授予全国"女民兵战斗英雄"称号，受到了毛泽东同志的接见。

参加团代会的共有500多人，身为战斗英雄的侍振玉做完了报告，本该再坐回主席台后排。可是，这个初出茅庐的姑娘太紧张了，她没通过主席台的进出口，而是从主席台前中间直接跳了下去。当时，她想的是：我要到会场的座位上。侍振玉的举动把毛主席和其他代表逗笑了。几位团代表急忙搀扶起侍振玉。20岁出头的侍振玉一股子豪气，在这一跳中显露无遗。

不久，为筹备全国青年代表大会，侍振玉留在了北京，她再次见到了毛泽东。1949年7月，世界青年代表大会将在匈牙利举行，侍振玉被光荣地推选为三位代表之一。临行前，毛泽东等领导人亲切地接见了侍振玉。

新中国成立后，侍振玉服从组织安排，先后在上海、长春、天津、河南、临沂等地工作。1952年夏天，侍振玉在上海华东（上海）钢铁六厂党委任组织干事。1974年侍振玉回到故乡工作，组织上把她安排到临沂国棉八厂。无论在哪个岗位上,她都兢兢业业,勤勤恳恳。民兵出身的侍振玉对国防事业情有独钟,她想方设法为烈军属和孤寡老人解决生活难题,征求领导意见,尽最大努力安置退伍军人。1991年夏季洪水肆虐,她取出自己好不容易积攒的1 000元钱捐给了灾区。由于没有留下当月的生活费,她又向别人借了30元钱才解决了自己的生活问题。她把自己留着的两床新被褥也捐给了灾区。这让她的同事很纳闷:"这么好的被褥您怎么舍得捐出去呢?"侍振玉说:"人家捐旧的,我捐新的,如果灾区有结婚的,不就用得上了吗?"

1995年8月,侍振玉作为特邀劳模代表参加了山东省纪念抗日战争胜利50周年大会,受到省领导班子亲切接见并合影留念。

侍振玉对年轻人寄予厚望,她说,年轻人不要忘记过去,一定要珍惜眼下幸福的生活,好好工作,为国家的发展做出自己的贡献。

(资料来源:沂蒙地区妇联:《沂蒙红嫂》,黄河出版社1990年版;朱国福:《革命英雄侍振玉:烽火中的青春》,琅琊新闻网,2009年8月1日。)

【思考讨论】

1. 侍振玉在革命年代时期奋勇杀敌,在和平年代投身国家建设、奉献社会,体现了一种什么精神?

2. 当代大学生应该如何向侍振玉学习?

【案例解析】

正如《钢铁是怎样炼成的》主人公保尔的名言:"人最宝贵的是生命,生命对于每个人只有一次。人的一生应当这样度过:当他回首往事的时候,他不会因为虚度年华而悔恨,也不因为碌碌无为而羞耻。在临终的时候,他能够说:我的整个生命和全部精力,都献给了世界上最壮丽的事业——为人类的解放而斗争!"侍振玉老人一生所经历的风风雨雨,是无愧于这句话的。

在那烽火连天的年代里,她以一种主人翁的姿态走进了捍卫家园的斗争之中,超越了传统观念对女性的界定,凭着对心中理想信念的追求,为了中华民族的解放和革命的胜利甘洒热血、奋勇杀敌;新中国成立后,面对战争留下的巨大创伤和贫困的自然条件,她响应党的号召、服从安排,积极投入社会主义生产和建设,奉献社会。侍振玉用自己壮丽的一生体现出了沂蒙红嫂伟大的爱国主义精神和无私奉献精神,这同时也是沂蒙精神的重要内容之一。

革命战争年代,山东百万军民血洒疆场,以赤诚的爱国之心,舍生忘死,最终在中国共产党的领导下,取得了革命的胜利。和平年代,山东百姓艰苦创业、无私奉献,取得了一个又一个建设成就。今天虽然条件比过去好了,但是在社会主义现代化建设中,我们仍然需要这种精神,这种精神是永恒的。

【教学建议】

本案例展现了全国战斗女英雄侍振玉坚定理想信念、爱党爱军、无私奉献的一生。在教学过程中,可通过本案例让学生了解理想信念的重要性,引导学生追求远大理想、坚定崇高信念,继承爱国传统、弘扬民族精神。

本案例适用于《马克思主义基本原理》第七章"共产主义崇高理想及其最终实现"的辅助教学;同时适用于《思想道德与法治》第二章"追求远大理想　坚定崇高信念"的辅助教学。

"远大理想 崇高信念"
思政课教学案例之八
——以高金大队的事迹为例

【案例正文】

"高金大队"是在解放战争中沂蒙民兵中一支神奇的队伍。因他们战功显赫,山东军区司令员陈毅签署命令,为"高金大队"记集体特等功并颁发"八一"锦旗一面,军区为高运成记特等功一次,并奖"飞机"特等功奖章一枚,为金维三记一等功一次,并奖"火车头"奖章一枚。

何为"高金大队"? 这个大队又因怎样的战绩获此殊荣?"高金大队"是"高金飞行爆炸神枪射击大队"的简称。1946 年 6 月,鲁中军区抽调沂河沿岸三支游击队组成"高金飞行爆炸神枪射击大队",由高运成任大队长,金维三任副大队长,配合主力部队作战。这两名游击队长都是抗战初期参加革命并且身经百战的英雄好汉。因为大队长和副大队长是闻名的战斗英雄高运成和金维三,"高金大队"个个机智勇敢,常常冒着生命危险完成各项战斗任务,威震四方。

高运成,汉族,山东沂南县沙沟村人,1938 年 9 月参加革命,是闻名全国的战斗英雄,也是沂蒙老区家喻户晓的传奇人物。他在艰苦卓绝的抗日战争和解放战争以及抗美援朝的几百次战斗中,无论环境和条件多么残酷,他都历尽艰辛圆满地完成了党交给的各项任务,从来没有在困难面前退缩过一次。特别是在抗日战争中,他那令敌人闻风丧胆的"飞行爆炸",至今还在沂蒙老区广为传诵。

金维三,回族,山东沂南县大成庄人,1938 年 8 月加入中国共产党。金维三是著名的"神枪手",作战勇敢,指挥沉着,参加战斗 100 多次,击毙、俘虏过无数敌人。高运成和金维三是沂蒙山区抗日战争民兵配合主力部队参战最早的组织者和领导者之一。

1946 年 10 月,"高金大队"被调往鲁南战场。同年 12 月,"高金大队"奉命扼守下庄大桥,掩护主力部队转移。在下庄阻击战中,"高金大队"被军区命名为"鲁中第一爆炸先遣队"。高运成、金维三带领这支神奇的游击队巧布地雷阵,将炸药藏于棺材里,有效地阻击了敌人的坦克装甲部队的进攻。金维三所率射击组,百发百中,在阵地上击退了敌人的多次进攻。这支民兵队伍连续七天七夜英勇地阻击了数倍于我之敌,创造了闻所未闻的奇迹。

完成下庄阻击战的任务后,"高金大队"兵分两路继续投入战斗,高运成带领一路人马进发博山等战区,在敌人的必经之路上埋设了大量的地雷,甚至在河沟、树下、井旁、房前屋后都埋设了地雷、飞雷、空炸雷、连环子母雷等,敌人走一路,挨一路炸,碉堡开花,电线炸断,机房炸塌,电力瘫痪。

在孟良崮、淮海等重大战役中,"高金大队"为共和国立下了不朽的功勋,多次受到上级表彰。1951年,"高金大队"副大队长金维三出席了山东军区英模大会,获"山东民兵英雄神枪手"称号。他用过的"汉阳造"和"三八大盖"被收藏在中国革命历史博物馆。这只民兵队伍在渡江战役打响前被整编到了各个部队。新中国成立后的多部反映游击战的影片中许多题材都取自这支神奇的队伍。

(资料来源:临沂市关心下一代工作委员会:《沂蒙精神代代传——党史国史青少年教育简明读本》,教育科学出版社2014年版。)

【思考讨论】

1. "高金大队"的英雄事迹体现了什么样的精神?

2. "高金大队"的事迹对我们当前培育和践行社会主义核心价值观有什么启示?

【案例解析】

"高金大队"在革命战争中舍生忘死、率先垂范,所表现出的革命英雄主义精神与爱国主义精神,是中国共产党人和革命志士在长期革命斗争的实践中形成的,是中华民族优秀传统文化在革命战争年代的体现与升华。

作为中华民族精神的核心与灵魂,爱国主义是中华民族团结奋斗的精神纽带,是一种伟大的凝聚力和向心力,是各族人民共同进取的精神源泉。

【教学建议】

在价值多元化的今天,作为社会主义先进文化的中国革命文化应成为大学生思想政治教育的重要内容。当前应进一步发扬爱国主义精神,用社会主义核心价值观武装大学生的头脑,引领各种社会思潮。

本案例适用于《马克思主义基本原理》第七章"共产主义崇高理想及其最终实现"的辅助教学;同时适用于《思想道德与法治》第二章"追求远大理想　坚定崇高信念"的辅助教学。

"远大理想　崇高信念"
思政课教学案例之九

——以三英烈之父刘永良的故事为例

【案例正文】

"最后一块布做军装,最后一口粮做军粮,最后一个儿子送战场。"沂蒙老人刘永良先后送3个儿子上前线,全部壮烈牺牲,新中国成立后他不要政府照顾,用实际行动诠释了党和人民水乳交融、生死与共铸就的沂蒙精神。在沂蒙,在中国,提起红嫂救伤员、抚养八路军后代的事迹,几乎家喻户晓、耳熟能详。然而,提起沂蒙老人刘永良战争年代把3个儿子全部送去当兵殉国、新中国成立后不居功图报的事迹,知晓的人并不多。

1891年,刘永良出生在沂蒙山区的莒南县坊前镇聚将台村一个贫苦的农民家庭。在土匪横行、军阀混战的年代,他靠打长工维持生计,常常是衣不遮体,食不果腹。为了生计,他学会了吹长号,富人家办红白喜事,他就去给人家当吹鼓手,挣点钱养家糊口,勉强度日,身处社会的最底层。

1933年夏天,因为土匪栽赃陷害,官府不问青红皂白便将刘永良抓走,受尽冤屈,关了半年的监狱。由于官匪勾结,在狱中,他饱受酷刑折磨。失去了顶梁柱的家庭更是一贫如洗,不知是否还有出头之日的妻子,在丈夫被抓之后,撇下丈夫、孩子服毒自杀。

出狱后的刘永良,看透了国民党当局的腐败,更加痛恨黑暗社会。1934年,刘永良接受了在村里以教书为名进行革命活动的共产党员曹明楼的教育,懂得了许多革命道理。1937年抗战全面爆发,日本侵略者的铁蹄践踏着中国的土地,到处烧杀抢掠、无恶不作,莒南成为沦陷区,处于水深火热中的刘永良更加坚定了革命的信念。1938年,村里成立了党支部,他积极参加抗日活动,带头加入农救会组织,不久任农救会会长,思想觉悟不断提高。

1940年,八路军第一一五师挺进了沂蒙山区的莒南县,莒南县成为中国共产党领导下的敌后抗日根据地。刘永良和乡亲们坚决拥护共产党的领导，把抗日队伍当成自己的亲人，自觉参加党组织的抗日活动。他积极向群众宣传革命道理，组织群众参军，村里到处都有他忙碌的身影。动员会上，他第一个为儿子报名参军。

聚将台村有着一个激励人心的传说：村北有个土岭，叫作北台，相传宋代杨文广曾在此聚兵点将。杨家将保家卫国，满门忠烈的故事，上千年来一直感动着世人。这也是这个村村名的由来。1940年春天，八路军组织群众召开参军动员会，这里又出现了聚兵点将的一幕。村民纷纷来到聚将台边。台子上坐着七八个人，一位干部模样的八路军控诉了日寇侵略中国、到处杀人放火的罪行，一再强调中华民族面临亡国的危险。讲着讲着，他大声问："我们能看着他们杀人放火不管吗？"台下一齐回答："不能！"接着区领导讲了当前的形势："现在八路军急需补充兵员，战场上急需拿着枪和鬼子打仗的人，凡是符合条件的青年都应积极报名参军，上前线保家卫国！"这时，农救会会长刘永良第一个走向主席台，声音洪亮地说："国家兴亡，匹夫有责。国难当头，我们每一个中国人都应该为国出力。我们做父母的都要学习岳母为儿子岳飞刺字的精神——精忠报国，把自己的儿子送上前线，参军报国，杀敌立功。今天，我作为农救会会长，带头为大儿子报名参军。"他的话音刚落，台下便响起了"向刘永良学习""参军参战杀敌立功"的口号。随后，各村的党员、农救会的同志都站起来为自己或者儿子报名，许多民兵也走上前去报名。刘永良19岁的大儿子刘福林告别了年轻的妻子和亲人，奔赴抗日战场。"不把日本鬼子赶走，你就别回家！"刘永良这样激励大儿子。在刘永良的带动下，本区参军的人数最多，受到了上级的表扬，当时的报纸《大众日报》还报道了刘永良送子参军的事迹。

送大儿子参军后，刘永良在农救会里工作的劲头更足了，他积极组织会员和民兵站岗放哨，抗击日伪军的"扫荡"。1942年，抗日战争进入了最艰苦的阶段。看着自己刚满17岁的二儿子，刘永良就鼓励他为抗战做贡献。这天，他又把二儿子刘孟林送到了区中队，当着队长的面，他再次嘱咐儿子："不把日本鬼子赶走，你就别回家！"

两个儿子在前线抗日，刘永良在家带头从事农救会工作，在他的带动下，两个儿媳妇也都成了妇救会积极分子，积极为八路军推磨、碾米、做军衣。在减租减息运动中，刘永良和村干部一道，做通了本族中一家有地户的工作，进行了减租减息，从而打开了全村减租减息的局面。他还带头参加党组织领导的大生产运动,开荒种地,带头破除妇女不下地干活的旧习俗,鼓励并支持两个儿媳妇参加农业生产,学习纺线织布,支援前线。为了减轻党组织的负担,他谢绝了组织上将他作为抗属所安排的代耕代种、免钱粮等照顾。

1947年和1948年是刘永良刻骨铭心的年份。这两年,他的两个儿子先后牺牲。早年丧妻、中年丧子,这对刘永良来说是天大的打击。但是他没有因此而倒下,这位铁打的沂蒙硬汉强忍悲痛,以中华民族不屈的血性,化悲痛为力量,积极投身支前工作,骨子里认定了永远跟党走的坚强信念,他那高尚的品格让人高山仰止。"只要党需要,我还有孙子,再让他报效国家。"

1946年,解放战争进入第二个年头,作为有"山东小延安"之称的莒南县开展了大规模的参军参战运动。3月,中共壮岗区委在驻地桃花峪村召开参军动员报名大会。刘永良因是著名的抗属,区党委让他去发言,介绍他送两个儿子参军的事迹。刘永良在会上动情地说:"1942年我送二儿子参军时,就曾说过一定要抗战到底的话,今天为了全中国的解放,我坚决再把最后一个儿子刘洪林送上前线。"没有豪言壮语,有的只是掷地有声的语言和实实在在的行动。

报名大会结束后,好心的本族孙辈刘炳田就拽着刘永良的衣角劝他:"我大叔、二叔都当兵走了,三叔刚刚结婚,你就留一个在家照顾你吧!"听了刘炳田的话,刘永良沉吟片刻,语重心长地说:"这个道理我知道,可是国难当头,没有大家,就没有我们小家。国家保不住,就没有安稳日子过呀!"村里有6户村民看到刘永良送身边唯一的儿子参军,深受感动,纷纷把自己的亲人送上前线。邻村的群众听了刘永良的发言,看到了他的行动,深受感染,仅付家村就有3名青年在刘永良的影响下报名参了军。

有战斗就会有牺牲。中华民族之所以历尽劫难而不沉沦,几经外侮却终获胜利,靠的就是刘永良父子这样的优秀分子挺身担当,把民族利益和民族前途放在首位,将生死置之度外。1950年,三儿子刘洪林牺牲在朝鲜平安南道价川郡,把热血洒在了异国他乡。噩耗传来,刘永良悲痛欲绝。他心中的苦楚是常人难以想象的,但他毫无怨言,他对前来安慰他的领导说:"只要党需要,我还有孙子,再让他报效国家。"

在刘永良老人的影响和带动下,他的嫡重孙刘海述继承先辈的遗志,参军来到了北京武警总队六支队,成为新时期的优秀军人。1990年在天安门广场执勤时,他赤手空拳勇斗歹徒,身中5刀,险些殉职,荣立一等功,受到武警总部首长的亲切接见。刘永良老人的后人,是刘家的光荣,更是沂蒙山人的骄傲。

在沂蒙老区,刘永良第一个劝儿媳妇改嫁。在受封建思想束缚了几千年的旧中国,妇女改嫁是件见不得人的事。然而,刘永良却勇敢挑战封建陋习。3个儿子牺牲后,他强忍悲痛,劝儿媳妇改嫁,不知劝了多少次,儿媳妇就是不同意。没办法,他就找来村妇救会的同志帮助做工作。刘永良只提了一个条件:只要儿媳妇满意,男方又愿意抚养孩子,自己情愿让儿媳妇把孙子带走。后来在村妇救会的帮助下,大儿媳带着孩子改嫁了。刘永良像陪送亲闺女一样,陪送儿媳妇风风光光出了嫁。这件事在当地被传为佳话。就这样,刘永良又接连说服二儿媳、三儿媳嫁了人。

一个不识字的老人,思想境界如此之高,令人感动。是巍巍蒙山、滔滔沂河哺育出他高大坚强的沂蒙汉子的血性。"他是一个至仁至义,胸怀博大,爱憎分明,情操高尚的人,我时常从心里发出敬重、思念与赞颂。"当年村妇救会的同志至今回想起来仍感慨万千。

刘永良先后送3个儿子参军、相继牺牲的事迹,赢得了人们的敬重。按常理,一门三烈的刘永良,应该安享照顾、享受生活。然而,刘永良却不这么想,更不这么做。他常说:"我如果让政府照顾享清福,就对不起牺牲的3个儿子!"

1951年春天,莒南县人民政府为了照顾他的生活,在经济困难的情况下在县城里建了三间房子让老人居住,并配了一名公务员帮其料理生活。他谢绝了政府的照顾,坚持住在村里。他说:"给政府添麻烦,让自己吃闲饭不干活,我心不安!"农村实行合作社,他组织起一个15户的合作社,并担任副社长。为了给国家建设出力,他整天粪筐不离身,每年向队里交80多车粪。1958年以后,他每年除向队里交200多车好粪外,还向国家交售两头大肥猪。队里缺少花生种,他就把家里开荒收的花生送去;缺少树苗,他就把自留地里的树苗送去;缺少资金,他就把平时积攒下的钱送去。为了表彰刘永良老人忠诚爱国、热爱集体的壮举,1953年,莒南县人民政府赠送给老人一块"为人民牺牲光荣"的牌匾。

1960至1970年,他担任村治保主任和调解员。每到庄稼成熟季节,他总是起早摸黑,配合民兵站岗执勤。村里有大大小小的纠纷,他总是到现场调解。他被村人誉为"红管家""老好人"。

身为烈属,刘永良老人从不居功自傲。在世时,他只享受国家规定的烈属补助,还把分到他名下的救济粮款等无私地让给别人。20多年中,他让出的各种补助、救济折款达500余元。不要小看区区500元,这在50元钱就能娶个媳妇的年代里,是一个不小的数目,况且这种精神也不是能够用数字来衡量的。1963

年,他当选为莒南县第五届人民代表大会代表、山东省第三届人民代表大会代表。2005年,为弘扬刘永良的革命精神,由刘永良之孙刘炳茂编著、群众出版社出版了《三英烈之父刘永良》一书。

(资料来源:刘炳茂:《三英烈之父刘永良》,群众出版社2005年版。)

【思考讨论】

1. 刘永良身上体现出一种什么样的价值追求?
2. 刘永良的事迹给当代大学生带来哪些启示?

【案例解析】

理想信念是一个人的世界观、人生观和价值观的集中体现。崇高的理想信念是人生的支柱和前进的灯塔。确立了崇高的理想信念,就有了正确的方向和强大的精神支柱,就能抵御各种腐朽思想的侵蚀,永葆共产党人的先进性,矢志不渝地献身于伟大的事业而不畏任何艰险。

沂蒙精神的核心表现为对社会主义和共产主义的坚定信念,刘永良将3个至亲骨肉送上战场,表现了沂蒙人民在任何情况下,都是以党和国家的利益为重,舍小家顾大家。沂蒙人民这种顾全大局、公而忘私、自我牺牲、勇于奉献的价值取向充分展现了沂蒙精神的精髓。

中华民族之所以历尽劫难而不沉沦,几经外侮却终获胜利,靠的就是刘永良父子这样的优秀分子挺身担当,把民族前途放在首位,将生死置之度外,骨子里认定了永远跟党走的坚强信念。他那种忠心报国,不为名、不为利、不知索取、只知奉献的精神,是我们热爱祖国、建设祖国不竭的动力和源泉!

【教学建议】

教学活动中要让青年学生从理论学习和实践分析中明白树立实现中华民族伟大复兴的共同理想和坚定信念的重要性,从而使大学生把个人的发展与国家、民族的命运前途紧密联系在一起,树立为建设有中国特色社会主义发展道路奉献终身的伟大志向。

本案例适用于《马克思主义基本原理》第三章第三节"人民群众在历史发展中的作用"的辅助教学;同时适用于《思想道德与法治》第二章"追求远大理想 坚定崇高信念"的辅助教学。

"远大理想　崇高信念"
思政课教学案例之十

——以武善桐诱敌跳悬崖的故事为例

【案例正文】

提起"狼牙山五壮士",可谓人尽皆知,他们坚贞不屈的民族气节激励着无数中华儿女。走进沂蒙山区,翻开用鲜血和生命凝成的革命史册,同样也会发现这里有许许多多永载史册的勇猛壮士,为救乡亲们,他们不惜与日本侵略者血战到底、同归于尽。武善桐就是其中一位,他的英雄故事至今还在沂蒙大地广为流传。

武善桐全家10口人,只有三亩半瘠薄山地。父亲常年为地主干活,饱尝了旧社会的苦难。1938年,日本侵略军侵犯沂水后,他积极参加抗日活动,加入了党领导的抗日武装。1939年夏,他加入中国共产党,先后任红石崖村党支部书记、诸葛乡党支部书记、夏蔚区区委委员等职,工作中积极发展党员,组织自卫团、农救会、妇救会等群众抗日团体。1940年秋,5名抗日队员在该村被杀。他多方查证,得知告密者是自己的堂叔和堂兄,即上报沂北县抗日民主政府处理。1940年冬,武善桐以党员为骨干,在村里成立了自卫团、农救会、妇救会等群众抗日团体。为适应战争环境需要,他带领群众在村周围挖了许多山洞,使很多八路军伤病员在这里得到保护和治疗。1941年春节前后,由于日本侵略者的"扫荡",沂蒙支队的一个分队从下山进驻红石崖村。数九寒天,还有30多名队员没穿上棉衣。武善桐当即把自己的棉衣拿出来,同时发动党员群众送棉衣,很快解决了这些同志的棉衣问题。

1942年深秋,日寇的又一轮大"扫荡"开始了。正在家里养病的党支部书记武善桐得到情报后没有马上撤离,而是决心保护全村的父老乡亲,尽到一名共产党员的责任。他先检查了乡亲们的隐蔽情况,又将两位受伤的八路军战士藏在村外的山洞里。日寇进村后,挨家挨户乱搜乱翻,没有找到任何有用的东西,便在太阳落山的时候走了。人们以为灾难过去了,谁知第二天天还没大亮,狡诈的日寇来了个回马枪，又一次狂风般地卷进了红石崖。他们不仅在村里折腾，还一个个山头一条条山谷搜查起来。他们把武善桐和全村200多名群众围在一条山沟里，四周架起了机关枪。

"你们藏的八路和枪支在哪里？不交出来，统统枪毙！"日寇通过汉奸翻译一遍遍追问着。凶残的敌人用枪托和皮带将武善桐打得遍体鳞伤，逼他交出掩藏的八路军伤病员和枪支。武善桐满脸是血，可他咬紧牙关，一个字也不说。满山沟的乡亲们和武善桐一样，没有一个开口说话的，几百只愤怒的眼睛盯着这群侵略者。

这伙日寇无计可施，便要向群众下毒手。一个日寇头目"呀呀"叫了几声，机枪手趴在地上开始瞄准，准备射击。眼看一场血腥的大屠杀就要发生。这时，突然响起一声断喝："住手！"只见武善桐猛地跨前一步，用自己的身体挡住了机枪口。

日寇被这突如其来的举动和喊声震惊了，呆呆地看着武善桐。

"你们不是要枪吗？"武善桐不慌不忙地对日寇头目说："枪是我藏的，有一大批呢，就在那边的山上。"而后，他转过身指着乡亲们说："他们谁也不知道，不许你们残害他们！只要放他们走，我就领你们上山取枪去。"

日寇头目通过翻译听明白了武善桐的话，半信半疑："你的，真话？"

"真的！我就是这个村的干部，八路军和枪支弹药是我亲自藏的，只有我一个人知道，你们把乡亲们放了，我领你们去。"

日寇头目相信了，非常得意，以为这次找到了八路军的武器库，便让士兵放开了被围的村民。大家了解武善桐，也知道那山上根本没有藏武器，他这是在救村里的乡亲们！于是大家都为他捏着一把汗。武善桐毫无畏惧，深情地看着乡亲们走远了之后，才带领着几个日本兵向小崮子山爬去。

虽然他刚才受了重刑，但凭着与敌人决一死战的意志和从小练就的爬山本领，还是很快就把累得气喘吁吁的日本兵领到了小崮子山的山顶。这个山头像一把锥子直插云端，四周岩石陡峭，形如刀凿斧削，平时人们站到顶上向下看，都会感到头晕目眩。日本兵喘着粗气问枪在哪里，武善桐用下巴颏朝半山腰点了点，示意枪支就藏在那里。两个日本兵缩头缩脑地探着身子，朝着武善桐指点的方向看去。说时迟那时快，武善桐猛地飞起一脚将一个日本兵踢下了悬崖。紧接着，他大喊了一声："中国共产党万岁！"又抱住另一个日本兵跳了下去，同归于尽……

其他吓傻了的日本兵好半天才缓过劲儿来，没命地向深深的山谷里打枪，

"啪啪啪……"

这枪声宛如悼念英雄的礼炮一样,久久地在山谷里回荡……

武善桐牺牲了,就在自己的家门前,他英勇、壮烈地牺牲了。

这一切,都被这片土地默默地铭记。1944 年 12 月,党组织为他立碑纪念。新中国成立后,为纪念这位抗日英雄,沂水县政府将小崮子改名为红石崮。

(资料来源:徐东升、孙海英:《沂蒙红色文化符号》,九州出版社 2021 年版。)

【思考讨论】

1. 武善桐勇跳悬崖体现了一种什么精神?
2. 武善桐的事迹对当代青年学生践行社会主义核心价值观有哪些启示?

【案例解析】

爱国主义是一个民族强大的精神支柱,是中华儿女高尚的美德,是不可战胜的伟大力量!武善桐勇跳悬崖、不怕牺牲的壮举,正是爱国主义精神的集中表现。

武善桐身上同时体现出一种舍生忘死的革命精神,这种革命精神表现为人民群众在中国共产党的领导下为民族独立、国家富强所展示出来的浴血奋战、倾情奉献。

【教学建议】

教学中应充分挖掘红色文化中这些宝贵的民族精神资源,使大学生了解人民群众在党的领导下为革命浴血奋斗的历程,激发大学生的爱国主义热情,培养高尚的爱国主义情感,从而确立远大的共产主义志向。

本案例适用于《思想道德与法治》第三章"继承优良传统　弘扬中国精神"的辅助教学;同时适用于《中国近现代史纲要》第六章第二节"中国人民奋起抗击日本侵略者"的辅助教学。

"远大理想 崇高信念"
思政课教学案例之十一

——以苍山暴动的故事为例

【案例正文】

　　苍山县文峰山,素有"鲁南泰山"的美称。山上怪石嶙峋,古木参天,泉水淙淙,风光秀美。山坡上的石头呈粉白色,远远望去,犹如堆银砌玉,这就是古沂州著名的"琅琊八景"之一的"神峰积雪"。在林木掩映中,有一座庄严肃穆的纪念馆,里面陈列着"苍山暴动"的英雄事迹。苍山暴动是中共临郯县委组织发动的一次较大规模的武装斗争,在当时引起很大反响。

　　20世纪30年代初,鲁南地区旱涝、蝗灾连年不断,土匪多如牛毛,兵匪猖獗,鱼肉乡里。1933年春,国民党地方政府又不断抽丁派款,加重了农民的负担,临郯一带的老百姓怨声载道。

　　当时,苍山一带是国民党统治比较薄弱的地区,是郯城伸向临沂县境的一片"插花地",周围村庄贫困,群众基础好。苍山人民勤劳勇敢,富有光荣的革命传统和顽强的斗争精神,历史上多次同反动统治阶级进行过不屈不挠的斗争。1921年伟大的中国共产党诞生后,苍山人民在黑暗中看到了黎明的曙光。在外地求学、从业的先进青年,接受了马克思主义,率先走上了革命的道路。1927年大革命失败后,党的工作重点由城市转向农村,部分共产党人受党组织的派遣来到苍山,点燃了革命的星星之火。1932年9月,经中共山东省委批准,中共临郯县委在西大埠成立,刘之言担任书记,郭云舫任军事部长。临郯县委成立后,党组织得到了迅速的发展。到苍山暴动前,临郯县委辖4个区委,21个党支部,有300多名党员。经过半年的艰苦努力,苍山暴动的组织准备工作已经初具规模。"夺取政权、打土豪、分田地"这一政策也极大地鼓舞了当地群众,得到群众的拥护。在总结前几次暴动没成功的原因的基础上,中共临郯县委分析当时形势,认为当前民心可用,是实行暴动的有利时机。1933年6月,中共临郯县委在尚岩小学校召开县委扩大会议,决定于7月10日在苍山发动暴动。

正当接近暴动时,7月2日赵家楼一位地下交通员被反动武装逮捕,营救未成功,反而把目标暴露了。为防止不测,南路(郯马地区)于7月2日提前行动,集合暴动队员两三百人,长短枪200余支,戴着红袖章,喊着口号,向苍山方向集结。7月5日晚,中共临郯县委书记刘之言听完关于南路提前行动的报告后,于当夜在小陵村赵叙五家召开县委紧急会议,决定采取应急措施,6日早晨立即暴动。

6日晨,一轮红日从东方冉冉升起,鲜艳的红旗在苍山顶上迎风飘扬,接着响起了清脆的枪声和军号声。苍山暴动开始了。

暴动司令部设在地主刘翔臣的大院里。村西头场里聚满了群众。刘之言登台讲话。他说:"乡亲们!今天我们召开的大会,是共产党召开的穷人大会。现在我们拉起队伍来,就是要推翻反动的国民党政府。当今的社会太不公平了,人们吃的、住的、用的,哪一样不是咱穷人创造的?可这些财富哪里去了呢?入了资本家的库,填了地主的仓。他们就是靠喝咱们穷人的血才富起来的。……从今天起,我们组织起来,拿起刀枪,推翻这个吃人的旧社会,建立由穷人当家作主的新社会!"他的讲话字字句句打动着贫苦农民的心,受到了热烈欢迎。接着,县委军事部长郭云舫宣布成立苏维埃政府,由赵叙五任主席。会后,暴动队员将地主的粮仓打开,群众装的装,抬的抬,络绎不绝。他们高兴地说:"这回总算熬到出头之日了!"下午,200多名暴动队员扛着梭镖,拿着大刀从四面八方汇集到西场。郭云舫宣布,中国工农红军鲁南游击总队成立了,郭云舫任司令员,刘之言任政治委员,刘文漪任军事指挥,总队下设两个大队。

正当群众欢庆胜利之际,7月10日拂晓,国民党第八十一师师长展书堂率唐邦植旅,从郯城重坊一带跟踪前进到费沂间新设之柞城县附近大小苍山一带,距苍山村还有七八里路就排开了大炮,围墙被炸毁好几处,天亮以后发起进攻,逼近围门,并炸毁南门,燃起熊熊大火,激烈的战斗开始了。

根据分工,刘之言负责东南角炮楼,郭云舫负责西南角炮楼,颜交志负责东北角炮楼,刘文漪机动指挥。中午,刘文漪率领战士,沿着围墙,哪里攻上来,就打向哪里,已经打退了敌人的数十次进攻。他的背上渗出了鲜血,负伤了,咬着牙坚持在战斗岗位。一个敌军军官模样的人,爬过被炸开的围墙缺口,正举枪指挥进攻,我军战士崔大臣一个箭步夺下他的匣子枪,崔大臣自己却被躲在暗处的敌人击中。西南角炮楼被大炮炸塌,有5位战士当场牺牲,正在指挥战斗的郭云舫被压在炮楼底下,幸亏刘之言、杨贯吾等及时赶来将他扒出。这时又一颗炮弹在附近爆炸,刘之言负伤。下午2点左右,郭云舫沉着指挥着大家从西北门突围。当行至西北门口附近,发现刘文漪负重伤已不省人事,郭云舫迅速背起他,刚跑到门外草垛旁,就被敌人逮捕了。刘之言负伤后,在张星、田杰和杨吾贯等战士的搀扶下,率领部分暴动队伍从西南门突围至杨林村的小岭下,刘之言简单处理下伤口后,又率领队伍从秦庄朝小城东方向突围。途中,队伍被反动民团武装打散,突围时身负重伤的刘之言毅然鼓起最后一点气力,离开队伍,向小城东跑去,边跑边呼喊"共产党员在这里"把敌人引向自己,使其他队员得以突围脱险,而他自己被地主武装逮捕,在下庄英勇就义,时年仅27岁。

郭云舫带领队员突围时被俘,被捕后被带到向城,敌军旅长唐邦植大喜过望,亲自审理,始则以高官厚禄诱降,后则施以酷刑。郭云舫大义凛然,英勇不屈,面对重刑慷慨陈词。敌人知道再残酷的刑罚也征服不了这个钢铁汉子,只好悻悻地收了场。

当天晚上,郭云舫忍着剧痛给妻子留下了一封遗书:"展师劝我投降,转变意志,否则必杀无赦。我心已定,只能慷慨就义。望你不要过分悲伤,抚养好两个孩子,告诉他们父亲是怎样死的……"

12日上午,郭云舫高呼着"中国共产党万岁!"的口号在向城镇南门外英勇就义,时年25岁。同时被俘的其他十余位队员也被集体枪杀。南路负责人徐腾蛟、凌云志也在郯城惨遭杀害。白色恐怖笼罩鲁南。苍山暴动失败后,先后有53名共产党员被国民党军残忍杀害。中共临郯县委遭到严重破坏,鲁南地区的革命斗争转入低潮。

苍山暴动虽然失败了,但在鲁南播下了革命的火种,为后来创建鲁南抗日革命根据地和人民政权奠定了良好的基础。①

(资料来源:朱孟明、庄传璋:《沂蒙星火》,山东大学出版社1990年版。)

【思考讨论】

1. 简述苍山暴动的过程及历史背景。

---

① 政协山东省临沂市编委会:《沂蒙山区好地方——光辉的革命胜地卷》,人民日报出版2003年版,第82页。

2. 苍山暴动对沂蒙精神的形成起到了什么作用？

【案例解析】

沂蒙地区是山东建党较早的地区之一。自从有了中国共产党，沂蒙人民在黑暗迷茫中看到了革命胜利的曙光。他们在实践中认定，中国共产党是全心全意为人民谋利益的，只有坚定地跟着共产党走，才能翻身得解放，穷人才能过上好日子。所以，沂蒙人民以极大的革命热情，义无反顾地投身于中国共产党领导的伟大革命斗争。苍山暴动就是当时在中国共产党的领导下所发动的一次规模较大的农民武装暴动。

苍山暴动虽以失败而告终，但是沉重打击了国民党的反动统治，扩大了中国共产党在鲁南地区的影响力。在斗争中，共产党员和革命志士前仆后继、视死如归的精神，激发了整个沂蒙山区人民的斗争热忱，撒播下了革命的火种。

【教学建议】

教学活动中主要让学生了解在当时中国革命形势之下，苍山暴动发生的历史背景和作用。

本案例适用于《中国近现代史纲要》第五章第一节"中国共产党对革命新道路的探索"的辅助教学；同时适用于《毛泽东思想和中国特色社会主义理论体系概论》第二章第一节"新民主主义革命理论形成的依据"的辅助教学。

"远大理想 崇高信念"思政课教学案例之十二

——以龙须崮暴动的故事为例

【案例正文】

龙须崮,位于山东省蒙阴北部山区的崇山峻岭之中,山峦起伏,沟壑纵横,悬崖陡壁,易守难攻。因山形似龙,龙头前两山膀向下延伸似龙须,故名龙须崮。

1933年9月,在中国共产党山东省委、新泰县委领导下,共产党员娄家驷等带领反霸农民向国民党反动派打响了第一枪,将暴动的红旗插上龙须崮,这就是有名的龙须崮暴动,龙须崮因此而闻名遐迩。

1933年春,按照山东省委要求,新泰县委研究后确定以龙须崮为暴动据点,于4月召开了扩大会议,制定行动方案,发动群众、组建红军、征集武器、确定暴动时间。暴动定在9月9日举行。会后进入了紧张的准备工作:发动、组织队伍、筹集武器、察看地形。不曾想,准备行迹泄露。于是领导成员决定提前举行暴动。然后,迅速制作红旗、写好标语、确定行军路线。9月5日(农历7月16日)黎明,李阳谷、崔宪武、娄家驷(任总指挥)带领党员、农民百余人携带80多支枪,从井旺庄出发,登上龙须崮。他们在崮顶插上红旗,在崖壁上贴上标语。喊出"打倒军阀雪国耻""打土豪,分田地"等口号。暴动队伍收缴地主枪支,并开仓济贫,声势越来越大。

国民党蒙阴七区区长吕月峰、坡里镇镇长王子连和张庄镇镇长房旭东,派人飞报蒙阴县县长张尊孟,说:"龙须崮已被共产党占领,宣传赤化,须迅速派人围剿。"张令县大队副大队长黄咏周带一支队伍,配合民团,赶赴龙须崮进剿。黄咏周系中共地下党员,把进剿的消息通知了暴动队伍,并认为暴动很不成熟。当他向县长提出收编这支队伍的建议被否决后,遂建议暴动队伍疏散。暴动者决定李阳谷、崔宪武、苗培芝等人分散到农村。

崔平章、娄家驷率领30余名队员,转移到龙须崮北面的鲁山。张尊孟遂命部下追剿,暴动队员依据鲁山有利地形,英勇抗击,多次打退敌人进攻,双方战至28日。暴动队伍弹尽粮绝,突围疏散。至此,暴动失败。

国民党地方当局加紧清乡、搜捕。李阳谷、崔宪武、苗培芝等人被迫远离家乡出走,娄家驷、崔平章被捕,于当年12月英勇就义。

娄家驷,蒙阴县岱崮镇井旺庄人,家境富裕,自小极有正义感,青年时期接受了进步思想教育。他在陕西当兵,在军队里从班长、排长、连长、营长升到代理团长。1928年参加中国共产党。1929年,受党派遣,回家乡宣传党的政策,联络进步人士,反对贪官污吏,搜集民间枪支,揭露国民党反动派的腐败无能,组织抗暴队伍。

娄家驷被送交国民党蒙阴县政府后,县长张尊孟立即审问并对娄家驷反复施用酷刑,使他多次昏厥。在敌人严刑拷打面前,共产党员娄家驷始终坚贞不屈,拒绝接受各种屈辱性条件的求生机会。1933年12月,娄家驷在蒙阴城东河滩遇害,他在赴刑场的途中高呼:"打倒帝国主义!中国共产党万岁!"从容就义时年仅35岁。

(资料来源:徐东升、孙海英:《沂蒙红色文化符号》,九州出版社2021年版。)

【思考讨论】

1. 龙须崮暴动给当时的革命斗争带来了哪些影响?
2. 从龙须崮暴动中我们可以总结出哪些经验教训?

【案例解析】

沂蒙地区是一块有着光荣革命斗争传统的土地,沂蒙人民有着同敌人血战到底的英雄气概。党组织在沂蒙地区建立以后,沂蒙人民的革命斗争便进入了新的历史时期。

龙须崮暴动以实际行动向农民宣传了我党的正确主张,在一定程度上打击了国民党反动政府的统治,扩大了共产党的影响,从此,革命的火种燃遍沂蒙大地,激发了无数临沂青年投身到革命热潮之中,使红色革命信仰深入人心,为中国共产党在此建立革命根据地奠定了良好的群众基础。

【教学建议】

教学中主要让学生了解在当时中国革命形势之下,龙须崮暴动发生的历史背景和影响。

本案例适用于《中国近现代史纲要》第五章第一节"中国共产党对革命新道路的探索"的辅助教学;同时适用于《毛泽东思想和中国特色社会主义理论体系概论》第二章第一节"新民主主义革命理论形成的依据"的辅助教学。

"远大理想 崇高信念"
思政课教学案例之十三

——以"中华抗日楷模村"渊子崖为例

【案例正文】

"七七事变"后,日军迅速侵占了我国大片领土。在华北,占领天津、北平、太原、张家口、济南等城市后,继续沿津浦铁路南进;在华中,占领上海、南京、杭州后,将重兵集结于淮河南岸并向北进攻,以实现会师徐州、迅速灭亡中国的侵略计划。为此,日军华北方面军命第五师团沿胶济铁路东进,占领潍县、青岛后大举向沂蒙山区进攻。日军所到之处,烧杀抢掠,无恶不作。面对日军的侵略暴行,具有光荣革命传统的沂蒙人民,在中国共产党的领导下,不畏强暴,奋起反击,沂蒙大地到处都是杀敌的战场。在日伪军进攻渊子崖村时,该村的300多名自卫队员和群众,用大刀、长矛、土枪、土炮同日寇、汉奸的大炮、机枪拼死搏斗,谱写了可歌可泣的抗日史篇,渊子崖村赢得了"中华抗日第一村"的光荣称号。

渊子崖村位于山东省沭水县(今属莒南县)板泉区的沭河东岸。20世纪二三十年代,为躲避匪盗祸乱,村里围村筑起了5米多高、1米多厚的围墙,墙上修了炮楼、炮眼,很坚固。抗日战争时期,日伪军在沭河西岸的小梁家安了据点,八路军则在河东岸活动,渊子崖成了敌占区和抗日游击区的"拉锯区"。八路军第一一五师挺进沂蒙后,许多青年参加了八路军,村里成立了青年抗日先锋队、儿童团、自卫队,抗粮抗捐抗伪顽。日寇、汉奸经常到河东"扫荡",残害百姓,抢掠财物。一些恶霸地主、土匪武装也打着抗日的旗号,到处横行霸道。老百姓提心吊胆,不得安生。渊子崖也成了敌人的眼中钉,肉中刺。

1940年1月,八路军山东纵队二旅独立营来到渊子崖一带。这支部队的指战员生活艰苦,平易近人,关心群众,杀敌勇敢。当地人民认识到,只有八路军才是真正的抗日队伍。不久,八路军抗大文工团也来到了渊子崖村,积极宣传抗日救国的道理。群众听了,觉得句句在理,更加感到,要赶走日本鬼子,只有依靠共产党、八路军。在党的领导下,渊子崖村很快建立了民主政权,林凡义被推举为村长。接着又成立了农救会、妇救会、青年抗日先锋队等群众抗日组织,还先后建立了抗日自卫队和游击小组,大家把过去打土匪用的"生铁牛""五子炮"、大刀、长矛集中起来,作为准备同敌人战斗的武器,大街上贴出了抗日标语,村内外传遍了抗日歌声,整个村的抗日救国工作开展得轰轰烈烈。

随着抗日斗争形势的发展,中共板泉区委号召在全区开展对日伪抗粮、抗捐活动,区长冯干三来到渊子崖村召开群众大会,讲明了抗粮、抗捐的意义,指出了斗争的艰苦性和复杂性,使群众受到了很大的教育。曾给地主扛活多年的林九兰说出了群众的心里话:"八路军是真正的抗日队伍,是咱老百姓的贴心人。咱留着粮食给自己的队伍吃,决不送给鬼子、汉奸。"

1941 年 12 月中旬的一天,盘踞在小梁家的汉奸给渊子崖村送来一张纸条,上面写着要鸡、鸭、鱼、白面等食品,还要 1 000 块大洋。村长林凡义看完找人写了回条:"鸡、鸭、鱼、白面都准备好了,来拿吧!来一个杀一个,来两个杀一双!"随后马上召开了自卫队和群众大会,号召大家做好准备,迎击敌人。

伪军队长梁化轩纠集了一百四五十人包围了渊子崖村。伪军在围墙外高声尖叫:"赶快交出东西,慢一点就攻进围子,杀个鸡犬不留……"他的话音未落,自卫队的土炮响了,随后瓦片、石块一齐向敌人飞去,打得敌人抱头乱窜。伪军队长梁化轩一面用枪指着伪军不准后退,一面强打精神对着围墙嚎叫:"你们抗粮不交,还向皇军开炮,老子的二十响可不认人!"接着,伪军被逼着朝围墙涌来。自卫队员不慌不忙,沉着应战。当敌人靠近围墙时,"生铁牛"一声怒吼,只见烟雾四起,伪军被打得纷纷败退。村长林凡义马上命令:"开炮追击,抓活的!"霎时,火炮齐鸣,浓烟滚滚。自卫队员在炮火掩护下,手持大刀、长矛向敌群冲去。伪军见自卫队员冲出围墙,英勇无比,吓得一个个六神无主,拼命往河西逃窜。渊子崖村的自卫队在与伪军的首次交锋中获胜。

打跑了伪军以后,冯区长来到渊子崖村表扬了这里的干部群众,并鼓励他们总结战斗经验,研究备战措施,以防敌人卷土重来。全村男女老少齐动手,有的修补围墙,有的擦拭武器,有的制造弹药。自卫队进行了整顿,每个排配备一名有战斗经验的同志负责领导工作。全村群众也做了分工,男青壮年守围墙,女青壮年运送弹药、石头,老人、儿童送水送饭,救护伤员。

12 月 20 日凌晨,1 000 多名日本兵和伪军,拉着 4 门大炮,气势汹汹地朝着渊子崖村扑来。自卫队员按照预先的部署，迅速进入战斗岗位。日军抢先向村里打了20多发炮弹，震耳欲聋，硝烟弥漫，有些房屋倒塌、着火，有的亲人牺牲。自卫队员见此情景，个个怒火中烧。当敌人闯入火力圈时，林清洁手下的"五子炮"首先开火，接着土枪、"生铁牛"一齐打响，敌人陷入火海之中，向后退了十几米。炮火刚停，又有一群日寇顺着东沟，拉着大炮，往东北角进逼。在渊子崖村帮助工作的区委李秘书和副村长林庆忠，带着几十个人赶来，迎击敌人。在敌人靠近到20米的时候，自卫队把炮点响了，敌人连滚带爬，退回了北大沟，留下了十几具尸体。不一会儿，从西路又上来了一群日本兵。林九兰、林崇松等立即点燃了火炮，有的队员抱起石块向敌人扔去。只听"呀呀"几声，3个日本兵被打死。

中午过后，敌人的大炮一齐轰鸣起来，炮弹落在了围墙、炮楼、大街和房屋上。村内火光冲天，村东北角的围墙被炸毁一段，不少队员被埋在土里，有的光荣牺牲了。敌人朝着围墙缺口冲来，年轻的自卫队员林端五手握铡刀迎上去，"喇"的一声，一颗子弹飞来，夺去了他年轻的生命。林端五的父亲林九宣看到儿子倒在血泊里，两眼冒火，转身向缺口冲去，他举起长矛，狠狠地刺死了一个日本兵。林九宣刚拔出长矛，又一群日本兵扑了上去。左右的自卫队员上去了，同敌人展开白刃战。在这生死搏斗的时刻，林九宣老人身受两处重伤，支持不住，倒在墙下。他吃力地说："拼到底，要报仇！"老人的话鼓舞了自卫队员们。林九乾手起刀落，结果了一个日本兵的性命。他自己身中数弹，光荣牺牲。村长林凡义正想弯腰搀扶自己的战友，一个日本兵的刺刀对准了他的脑门，不过那个日本兵先倒下了，原来是林九乾的妻子用撅头把他砸死了。

敌人的进攻又一次被打退了。不少村民守着亲人的尸体哭泣。林九乾的父亲林秉标老人对大家说："现在不是流泪的时候，站起来和鬼子拼到底！"说完，他扛起门板冲向围墙。几十个村民赶来了，大家用石头、沙土块和门板重新把围墙的缺口堵好。过了一会儿，敌人发动了更加猛烈的进攻。堵上的缺口又一次被密集的炮火炸开了。一群日本兵在炮火掩护下冲了进来。这时，林九兰、林崇松手持铡刀，守在缺口两旁，一连砍死了两个日本兵。敌人冲上炮楼，林九兰看到护身的楼墙眼看要倒塌，便急中生智，同林九先一起，猛地将这堵墙推倒，几个日本兵被砸死在墙下。林九兰、林九先借机抢步下楼，抢起大刀同敌人拼杀，但终因寡不敌众，壮烈牺牲。

这时，敌人又冲进西炮楼。守在这个炮楼上的林庆海看到3个日本兵朝他冲来，便把火绳向火药罐里一扔，"轰隆"一声，炮楼燃起了熊熊烈火，林庆海竭尽全力冲出火海，3个日本兵却变成了"火人"。接着，林庆会、林兆岭等人赶来，把日本兵刺死了。林庆海因烧伤过重，光荣牺牲。

太阳偏西的时候，大批敌人涌进村里，自卫队员和乡亲们在街头巷尾同敌人展开了肉搏战。林崇州负了重伤，村干部把他背到一个园子里让他休息，可他怎么也不肯，大声说道："我们的房屋在着火，亲人们在遭难，我宁愿拼死，也不躺在这里！"说着昏倒在地。几个日本兵冲进这个园子里，林庆会猛地冲上，把长矛刺进了一个日本兵的后背，冷不防，他被另外几个日本兵抓住，手不能动，便用牙齿狠狠地咬断了日本兵的一个手指头。这时，林崇州苏醒过来，他忍着伤口的剧痛，挣扎起来，朝敌人抡起撅头，但终因失血过多又昏倒在地。凶恶的敌人把林庆会、林崇州捆绑起来，扔进正在燃烧的火堆里。

王彦治一连杀了3个日本兵后，又从夹道冲上去，用拳头将一个日本兵打倒，夺了他的枪。几个日本兵紧紧围着王彦治，他当机立断，拉响了腰里的手榴弹，与敌人同归于尽。

天快黑时，敌人终于被前来增援的山东纵队二旅五团和县委、区委紧急召集的武装队伍击退了。这场战斗共歼灭敌人120多人。但胜利来之不易，渊子崖村147名自卫队员和乡亲在战斗中献出了宝贵的生命。区委书记刘新一、区长冯干三等同志，也在这次战斗中壮烈牺牲。渊子崖村人民的英勇斗争，受到了省、地、县各级党委和政府的表彰。

新中国成立以后，在临沂烈士陵园纪念堂里，陈列了渊子崖战斗的浮雕；在山东省博物馆里，展出了渊子崖战时用过的大刀、长矛；在中国人民革命军事博物馆里，设置有专门版面，介绍渊子崖战斗的英雄事迹，渊子崖人民英勇抗击日寇的事迹也多次被拍成影视作品在电视台播放。

（资料来源：中共临沂市党史研究室、沂蒙革命纪念馆、临沂大学沂蒙文化研究院：《沂蒙抗日英烈传》，山东人民出版社2015年版。）

【思考讨论】

1. 渊子崖村村民浴血抗日体现了中华民族怎样的精神？
2. 当代大学生可以从本案例中得到哪些启示？

【案例解析】

人民群众是历史的主体,是历史的创造者。毛泽东同志曾经指出:"革命战争是群众的战争,只有动员群众才能进行战争,只有依靠群众才能进行战争";"真正的铜墙铁壁是什么?是群众,是千百万真心实意地拥护革命的群众。这是真正的铜墙铁壁,什么力量也打不破的,完全打不破的"。依靠和发动人民群众,是我们在革命和建设过程中取得一个又一个胜利的重要保障。渊子崖村村民浴血抗日就是很好的例子。

渊子崖村村民以土枪、土炮、大刀、长矛、铁叉、铡刀、棍棒、石块为武器,与装备精良的日寇千余人展开了整整一天的殊死搏斗,以牺牲147人的代价,歼敌120余人。渊子崖保卫战,充分展现了沂蒙人民不畏强暴、不怕牺牲、勇于战斗的革命气概,体现了中国人民的凛凛正气、赫赫威风,谱写了一曲惊天地、泣鬼神的英雄赞歌!

一个普通村子里的平民百姓,面对1 000多名装备精良的日军,表现出了中华民族同仇敌忾、与敌人血战到底的英雄气概和爱国主义精神。这些普普通通的百姓真正是顶天立地的英雄,他们构筑起中华民族的脊梁。渊子崖村村民浴血抗日的过程也是沂蒙军民血肉情深、共同抗敌的缩影。

【教学建议】

本案例展现了渊子崖村村民浴血抗日的感人故事。在教学过程中,可通过本案例让学生了解人民群众在历史发展中的地位和作用,从而明白密切党群关系的重要性,同时引导学生继承爱国传统,弘扬民族精神。

本案例适用于《马克思主义基本原理》第三章第三节"人民群众在历史发展中的作用"的辅助教学;同时适用于《思想道德与法治》第三章"继承优良传统 弘扬中国精神"的辅助教学。

"远大理想　崇高信念"
思政课教学案例之十四

——以大青山突围战为例

【案例正文】

　　1941年11月30日,抗大一分校及中共中央山东分局、山东省战工会和八路军第一一五师机关的数千人,在沂蒙山根据地大青山地区误入日军"扫荡"部队主力的合围圈内。被围人员绝大多数是机关和学校的无武装、非战斗人员。具有一定战斗实力的作战部队只有数百人。但我参战部队在"既无援兵,又无退路"的情况下,抱着与敌人血战到底的决心,不屈不挠,顽强拼杀,与1万多个敌人进行了一场空前的殊死搏斗,最终击破日军的合围圈。这就是山东抗战史上著名的大青山突围战。

　　1941年,日军集结重兵,对山东沂蒙山根据地中心区进行了为期两个多月的疯狂大"扫荡",妄图将山东抗日首脑机关及主力作战部队一网打尽,一战而定山东。10月,日军先"扫荡"了沂蒙山区周围的鲁中泰山区和鲁南郯城、马头地区。11月,日军调集数万人,以多路多梯队的分进合击,形成对沂蒙山区的"铁壁合围"。

　　侵华日本军总司令畑俊六亲自到临沂、汤头坐镇指挥。其部署是:以第十二师团及独立混成第十旅团为主力,配置于沂水、莒县;以第十七师团为主力、第十三师团一部为辅助,配置在临沂,从而对沂蒙抗日根据地构成合围态势。日军"扫荡"矛头直指沂水、蒙阴、费县、临沂之间纵横六七十公里的地区。与此同时,日军小股部队出扰费县西北,空袭莒南十字路、大店,以迷惑八路军,使八路军摸不清其真实意图。

　　在中共中央山东分局和第一一五师的领导下,山东抗日根据地军民进行了英勇的反"扫荡"斗争,与凶恶的敌人进行了生死较量。当时,在沂蒙山区反"扫荡"的部队中有一支英雄的部队,他们就是抗大一分校。抗大一分校同时也是山东军政委员会下辖的第十支队,肩负着配合兄弟部队作战的任务。11月29日,在根据地内与敌周旋的抗大一分校从泰莱根据地转移到大青山区,驻在胡家庄、杨家庄、大谷台、李行沟、梧桐沟等十几个村子里。然而,这时敌人正秘密进入大青山四周,布置了一个要消灭进入这一带的抗大一分校的合围圈。对我方实施偷袭、合围的,是日军参与"扫荡"的主力部队之一,5 000余人,战斗力强,装备精良,且具有山地作战经验;另有配合作战的刘黑七部伪军和土顽部队数千人,总兵力达到1万人以上。而抗大一分校只有第二、第三、第五、特科4个大队和1个女生队,加上校部机关,共3 000多人。第二大队为建国大队,学员是山东根据地县区乡政治干部,战斗经验不足;第三、第五大队是军事大队,学员由第一一五师和山东纵队营、连、排级干部组成,战斗经验丰富,但他们仅有几百支破旧步枪,还没有刺刀,弹药也不足。在这之前,为了牵制、迷惑外线敌人,抗大一分校根据命令,已在内线地区与敌周旋近20天,曾多次摆脱日军的偷袭、合围。

抗大一分校校部和随校部活动的第五大队宿营在大谷台、胡家庄。11月30日晨,抗大一分校驻地东北山口突然响起急促的枪声,接着五大队哨位升起报警的烽烟,东南方向也响起隆隆的重炮声。抗大一分校学员从"三八"式步枪特有的响声和炮声中听出,这是遇上日军主力了。就在这时,侦察员向一分校司令部报告:"经界湖、坦埠、桃墟向岱崮方向围击我们的三路敌人,每路是一个联队,共5 000多人,现在转回头向这里奔袭过来。坦埠一路已和我黄草关的一个营打响了。"

情况万分紧急,前后不到一个小时,敌人就摆开了合围的架势。抗大一分校校长周纯全沉着果断地处置着出现的紧急情况。"全校紧急集合,抢占大青山!向山东纵队和第一一五师发报告,这里出现大批鬼子,我们被包围了,正组织突围。"

大青山位于费县、沂南、蒙阴三县交界处,山势险要,主峰海拔686.2米,系东蒙山主要山峰之一,因树茂草丰、四季常青而得名。自抗日战争开始以来,这里就成了八路军沂蒙根据地的中心区。当时,日军一个中队携九二步兵炮一门,已抢占了大青山一号高地,并向我前哨连急袭。担负警卫全校重任的第五大队,遂向二号、三号高地扑去。大队长陈华堂、政委李振邦都是久经沙场的老红军,他们是在没有接到校首长命令的情况下,首先抢占制高点的。日军主力系山地作战部队,自然知道抢占制高点的重要性,也拼命向二号、三号高地冲去。双方在突发的战斗中,都按通常的军事原则,争先展开兵力,抢占要点。第五大队先敌一步,为我方突围赢得了宝贵的时间。

当一分校各路人马飞跑着冲向紧急集合场时,二号高地上的争夺战正激烈地进行着,枪炮声、喊杀声震耳欲聋。二号高地几经争夺,失而复得,又得而复失,危险步步逼近。周纯全知道,二号高地若失守,三号高地即成为决定全校人员生死存亡的唯一屏障。他严厉地命令参谋郝云虹:"速去五大队,告诉陈华堂,要死守三号高地! 没我的命令不准撤离!"周纯全和政委李培南密切观察着周围的战况,考虑着怎样才能率领隐蔽于大青山主峰下坳谷里的 3 000 多人突出重围。

然而,就在这紧急时刻,中共中央山东分局、省战工会、第一一五师机关以及姊妹剧团、医院等单位的几千人又拥进抗大一分校驻地。狭窄的山洼里一下子拥进来数千名非武装人员,周纯全大吃一惊。这到底是怎么回事?

原来,日军特种部队和伪军尾追第一一五师师部、中共中央山东分局机关,进占沂南县孙祖以北的绿云山、萧家坪、狼窝子,并在绿云山建立了据点。绿云山位于沂蒙中心区,不把它拔除,将对根据地形成严重威胁。罗荣桓政委、陈光代师长决定趁敌立足未稳,率领师特务营、山东纵队第二旅第四团第三营及沂(南)临(沂)边联县独立营攻击该据点。

为了集中精力作战,防止机关受损,并根据 11 月 29 日白天进驻大青山的抗大一分校报告,那里没有发现敌情。罗荣桓等首长指示,由师部第五科科长袁仲贤带领师部及直属队人员,省战工会副主任兼秘书长陈明带领中共中央山东分局、省战工会、省群团组织、报社、医院、被服厂、银行等单位人员约 2 000 人,于 29 日夜向临沂至蒙阴公路西侧的大青山转移,待部队结束战斗后再会合。这支牲口多、短武器多、女同志多的队伍走了整整一夜,越过垛庄公路,于 11 月 30 日拂晓进入了大青山峪。数千名机关后勤人员万万没想到,山东抗战史上最血腥、最惨烈的搏杀正等着他们!

也就在这时,整个战场情势骤然加快了节奏,四面八方的枪炮声越响越密、越响越近。敌人开始用"三八"式步枪、轻机枪射击,随之是重机枪、掷弹筒,一齐打来。满山遍野的非战斗人员被敌人的炮火包围,他们中有的人即使带了驳壳枪、手枪和手榴弹,也派不上用场。这些毫无战斗经验的人只好往山上撤。

从东南大青山后呼啸飞至的炮弹,预示着青驼寺出动之敌正抢攀大青山主峰,而我军在主峰上没有任何防御力量,唯一制约敌人的只不过是山岩陡峭的地形;西南方向的枪炮声,证实方城、石岚出动之敌已紧扼西南山口咽喉;北面强大的敌人正疯狂向南滚进压缩;其他方向围拢上来的敌人已临近直射距离;而二号高地已经丢失,日军正集中兵力、火力向三号高地发起集团性连续进攻。第五大队经反复拼杀,伤亡惨重,少得可怜的子弹、手榴弹也将消耗殆尽。学员们虽然英勇顽强,决心人在阵地在,但弹药打光了,还谈什么坚守?待援更是没有希望。如果三号高地再失守,那就意味着5 000余名非武装人员将被敌人聚歼于无遮无掩的山坡上、沙滩上!

形势万分危急,无数双眼睛盯着周纯全!周纯全环顾周围的战场,能打仗的只有抗大一分校第五大队和中共中央山东分局警卫连,总共几百人的力量,双方实力极为悬殊。

在这千钧一发之际,周纯全提出突围方案:由一分校第五大队的第二和第三中队近300人,抢占李行沟南北高地等有利地形,阻止敌人合围;由训练部副部长阎捷三指挥警卫连,负责打开突围口,掩护全体人员向西蒙山方向突围。李培南政委表示赞成。接着,周纯全命令:"第五大队死守三号高地,阎捷三副部长带警卫连开路!掩护机关人员沿着李行沟、梧桐沟冲出去!"成败在此一举。阎捷三勇敢地挑起了率先杀出重围,为大部队打开前进通道的重任。

三号高地来人向周纯全报告:"敌人猛攻,我们伤亡很大,子弹都打光了,请求增援!"周纯全严厉地说:"对你们大队长说,无力增援,三号高地要死拼,人与阵地共存亡!我马上就去!"大家心里都明白:三号高地哪怕是多守一分一秒,也是对大部队突围多一分安全保障。周纯全说完,快步向三号高地冲去。阎捷三立刻组织突围队伍,高喊:"跟我来,要不顾一切地冲啊!"突围人员通过一条沙河时,四面的日军居高临下,凭借有利地形和猛烈火力向我方射击,敌机也反复俯冲扫射,许多战士倒了下去。潮水般的人群在警卫连的后面跟进。

突然,二号高地上敌人火力明显减弱,接着又传来密集的手榴弹爆炸声。原来,第五大队幸存的学员眼见突围人员遭敌猛袭,一批批地倒下去,遂不顾重大伤亡,硬是支撑着,用自己的鲜血和生命,向敌人发起全面冲击。敌人慌忙接战,因而对突围人群威胁最大方向上的火力骤然减弱了。

阎捷三指挥警卫连,以最快的速度冲过河谷开阔地。到达山坡时,他又命令警卫连排成梯次队形,向敌人猛烈射击。紧接着,司号兵齐德吹响了冲锋号。他站着吹,坐着吹,躺着吹,子弹把他的肠子打出来了,他用手按着塞进肚子里继续吹。齐德牺牲时,军号上被打穿了无数个枪孔。向西蒙山突围的人群急速行进,警卫连以排枪开路,一分校参谋郝云虹在西蒙山脚下拦截每一个带枪的战友,临时指定班长,依托有利地形断后。扼守西蒙山山麓咽喉要道的日军和伪军居高临下,如蝗的子弹射进赤手空拳的人群,但他们除了前进别无他途,狭路相逢勇者胜,冲! 坚决冲出去!

就在突围人员准备破釜沉舟与敌人血拼的时候,奇迹出现了:成群结队的日伪军看到勇猛冲锋的人潮,认为是三号高地上血战半日的英雄们下山,他们被这无惧无畏的场面吓呆了,竟飞速撤离阵地,向西南方向溃逃。

真是天无绝人之路,原来分析必定要付出沉重代价的突围,没想到出现了完全出乎意料的机会,阎捷三当即率警卫连占领西蒙山,继续向两翼敌人还击,掩护大部队通过突破口。

但是,突围单位庞杂,建制被打乱了,非武装人员又太多,从这样一条狭窄的山沟里全突围出去,需要很长的时间,而日军又在外围不断地向这里拼命突进,全力压缩,在这种情况下,担任各个方向阻击的部队必须死死顶住,突围才能获得成功。校长周纯全、训练部长袁也烈指挥着手头有限的几个中队兵力,勇敢顽强而又灵活巧妙地利用地形地物,打击敌人,挡住他们向我方突围人群攻击。

就这样,从上午一直打到太阳偏西,子弹所剩不多了,人员也有很大的伤亡。周纯全从望远镜中看到还有几百人没有突出敌人的包围圈,便命令道:"我们还要挡一会儿,没弹药了,就是用刺刀、石块也要把敌人的冲锋打下去,保证机关全突出去!"

太阳西斜时,三号高地失守,我方人员全部壮烈牺牲。傍晚时分,我突围人员经紫荆关以南登上西蒙山。

第五大队第二中队在蔡庄战斗中已伤亡27人。大青山战斗一打响,他们就在西面梧桐沟阻击封锁沟口的日军。指导员程克带一个区队40人,坚守梧桐沟北一座小山头,强阻从北面进攻的敌人。

此山高356米,山前向西是梧桐沟,山后向西是李行沟,我军西撤必经山下,守住阵地,就能使突围人员脱离险境。第二中队先后打退敌人多次进攻。当突围人员西去时,他们仅剩十几人。阻击人员边打边撤,退到李行沟西北角一农户院内,子弹打光了,就用石头砸。日军见他们人少,又没了弹药,就从四面包抄上来要抓活的。日军逼近了,程克突然怒吼一声,猛跳过去抱住靠他最近的那个日本兵,一口咬掉敌人的耳朵。突然,一个日本兵端着刺刀向他后背刺去,程克英勇牺牲。其他学员也同敌人扭打在一起，最后全部战死。

第五大队第五中队中队长邱则民、副中队长汤世惠带一个区队，在大顶山北阻击向西进攻的敌人。他们凭借有利地形打退敌人多次冲锋。机枪手牺牲了，邱则民抱起机枪向敌群猛扫；子弹打光后，他砸碎机枪，用手榴弹、石块同敌人拼杀。最后，他们陷入日军重重包围，大部分被敌人杀害，剩下的学员在邱则民的带领下，跳下山崖壮烈牺牲。第二大队学员虽都是地方干部，但也参加了阻敌战斗，并打得勇猛顽强，杀伤了许多敌人。大队政委、红军干部刘惠东，在向校首长汇报战况返回途中负重伤。他等敌人逼近后投出手榴弹，并将最后一颗子弹留给自己。

在大青山五道沟，来山东帮助中国人民抗战的德国共产党员、美国《太平洋事务》月刊记者汉斯·希伯，也同日军英勇拼杀。他的翻译和两个警卫员都牺牲了。他在山沟一巨石后向敌人射击，最后中弹身亡。当时和希伯一起牺牲的还有7名师级干部。

省战工会副主任兼秘书长陈明带领部分人员，突出日军重围，转移到大谷台，不幸复遭日军合击，他们又向望海楼方向突围。敌人火力密集交叉，战场成了一片火海。他们几乎人人挂彩，女同志、炊事员、饲养员也不畏枪弹，同日军扭打在一起。陈明的4名跟随人员已牺牲了3名，只剩下18岁的警卫员吴开玉。他俩冲到东西蒙山之间的大沙河沟崖上时，遭敌重机枪火力封锁，陈明双腿被打断。他对吴开玉说："你快跑开，活一个是一个，反正我不能跑了！"吴开玉坚决不独自离开。陈明用枪指着他，命令他快跑。吴开玉含着泪离去。日军密密麻麻地围拢上来，陈明连发三枪击毙3个日本兵，然后用最后一颗子弹对准自己开了枪。

为了纪念大青山突围战斗以及在这次战斗中牺牲的烈士，1944年，费东县抗日民主政府在东梭庄建立了大青山革命烈士陵园。1997年11月30日，中共临沂市委、临沂市人民政府和中共费县县委、费县人民政府在大青山的西北、公路东侧的李行沟建立了大青山胜利突围纪念碑，并建碑亭一座。碑高19.41米，象征着该突围发生在1941年，正面镌刻着中央军委副主席、国防部部长迟浩田的题词，碑文记载着大青山突围战斗的经过，以供后人瞻仰和凭吊。

（资料来源：徐东升、孙海英：《沂蒙红色文化符号》，九州出版社2021年版。）

【思考讨论】

1. 在大青山突围中,八路军战士们为什么能够奋勇作战、视死如归?
2. 当代大学生能从他们身上学习到什么?

【案例解析】

在抗日战争中,中国共产党及其领导的人民军队以拯救民族危难为己任,不怕流血,不怕牺牲,用大无畏的革命英雄主义精神抗击强敌,体现了为"民族而战"的坚强决心。

大青山突围战危难关头见精神,抗大一分校和中共中央山东分局警卫连,勇敢地担负起掩护首脑机关和大部队突围的艰巨任务。他们以大局为重,置局部利益和个人生死于不顾,顽强地与日军进行殊死拼杀,直至战斗到最后一人。他们用鲜血和生命,为数千名突围人员杀出一条血路;他们唱响了中华民族不屈不挠、顽强抗争的悲壮战歌;他们的英名,将同所有抗日民族英雄一样,被镌刻在中华民族历史的丰碑上,接受后人的瞻仰和缅怀,永垂不朽,万古流芳。

在这次战斗中,我军部队为了抵抗日本帝国主义的侵略,战斗、搏杀、流血、牺牲;战区老百姓,奋不顾身掩护、抢救、照顾伤病员,宁愿牺牲自己也要全力支持抗战。他们的浩然正气,军民之间的血肉联系,正是中华民族精神的传承和光大,是中华民族抵御外侮、振兴中华、永远向上的强大精神力量。

当前,国际形势错综复杂,周边环境日益严峻,面对纷争彼伏的国际社会,回顾中国共产党领导下的中华民族在抗日战争中表现出来的爱国热情和民族精神,对捍卫国家主权和领土完整,维护祖国统一和民族团结,具有十分重要的现实意义。

【教学建议】

本案例展现了山东抗战史上空前悲壮和惨烈的一次大突围——大青山突围战。在教学过程中,可通过本案例引导学生缅怀先烈,继承爱国传统,弘扬民族精神。

本案例适用于《思想道德与法治》第三章"继承优良传统　弘扬中国精神"的辅助教学;同时适用于《中国近现代史纲要》第六章第二节"中国人民奋起抗击日本侵略者"的辅助教学。

"远大理想　崇高信念"
思政课教学案例之十五
——以西山前村保卫战为例

【案例正文】

西山前村位于临沭县曹庄镇西南,东依沭河,南临马陵山,北靠七岌山。抗战时期,西山前村地处抗日根据地边沿,是华中地区经过山东通向延安的秘密交通线的必经之地。因西山前村处于滨南根据地前沿,村自卫团打日寇、抓汉奸、攻碉堡、割电线,抗日斗争十分活跃,被誉为"滨南地区的战斗堡垒"。

驻临沂日军和盘踞在沭河西岸的临沂保安大队大队长许兰笙,把西山前村视为眼中钉,于是,在窥知八路军主力部队在外线作战后,于1941年9月30日纠集了临沂、李庄等据点的日伪军千余人,夜袭西山前村。

西山前村是乡公所驻地,张作洪是乡长,村里常驻有八路军。就在日伪军袭击村子的前一天晚上,八路军的队伍在村里吃过晚饭后撤到了其他地方。当时部队让张作洪跟他们一起走,但他还是坚持留了下来。谁知第二天天刚亮,日伪军就包围了村子。得到消息后,张作洪立即带领乡分队、村自卫团和全体村民英勇抗击,全村男女老少摘门板、搬碾盘、抬沙土,修好工事,就连外村在西山前村雇活的村民也都参加了自卫战。张作洪站在围墙上,手挥大刀,高声说:"父老兄弟们,今天鬼子和汉奸把咱包围了,乡亲们不要怕,咱西山前不能当孬种,八路军很快就会来增援!"仗打得很惨烈,日伪军用的是快枪、钢炮,而村自卫团团员们用的大多是鸟枪、土炮、大刀、长矛和农具,力量对比悬殊,但自卫团团员们打得都很顽强。村里有两门自制的土炮,威力很大,当地百姓给它们起了个名字叫"十里清",意思就是能打10里的范围。炮筒里装上火药,老百姓把家里的秤砣、耙齿等拿来装进土炮里,用来轰击敌人。张作洪一边指挥战斗,一边不停地瞄准向敌人开枪,打死了不少敌人。日伪军恼羞成怒,向不满1 000人的西前村发射数十发炮弹,架起20余挺机枪进行疯狂扫射。西山前村村民不畏强敌,英勇抗击。一人倒下，另一人立即站在了战斗位置。围墙被炸塌多处缺口，村民们立即用高粱秸、门板堵上。张作洪身背大刀，手持钢枪指挥，鼓舞士气，不时向敌人射击。在村东南角围墙垛口，张作洪打死第四个敌人后，在低头换弹药时不幸被敌人的子弹击中头部，壮烈牺牲。战斗中，张作洪的小儿子张福明也不幸牺牲。日伪军的火力非常猛烈，炮弹不时打到村里和围墙上，同时他们还不停地向村里打瓦斯弹。时近中午，四周围墙都被炸开，敌人随即冲了进来。敌人冲进村后，实行"三光"政策，烧毁全村民房，掠走财物，众多村民惨死在敌人的刺刀之下……

八路军东进支队和临沭地方武装闻讯赶来支援，日伪仓皇逃离。此战击毙敌伪150余人，张作洪与30名乡分队队员、村自卫团团员在战斗中壮烈牺牲。为表彰西山前人民的英雄事迹，滨海专署授予该村"抗日模范村"、张作洪"抗日民族英雄"称号。1991年，中共临沭县委、临沭县政府在西山前村镌碑刻史，永为纪念。

西山前村战斗虽然付出了血的代价，但西山前人并没有被敌人的嚣张气焰所吓倒，而是更加坚定了与敌人血战到底的决心。村民们纷纷要求参加八路军，投入抗战第一线。他们与主力部队紧密配合，广泛开展地雷战、"麻雀战""蘑菇战"等游击战争，破据点、扒公路、炸桥梁、反伪化，以"三空"（搬空、藏空、躲空）对付敌人的"三光"，不断取得反"扫荡"斗争的胜利。

（资料来源：徐东升、费聿辉：《沂蒙精神与社会主义核心价值体系研究》，中央文献出版社2012年版。）

【思考讨论】

西山前村村民为什么能够同仇敌忾、英勇顽强作战？

【案例解析】

沂蒙精神形成于抗日战争时期、升华于解放战争时期，它体现了沂蒙人民紧跟中国共产党的决心和爱党爱军、无私奉献的精神，凝聚着共产党人始终为人民利益英勇奋斗的崇高品质。在沂蒙这片热土上，党一切为了人民、一切依靠人民，将为崇高理想奋斗与为人民群众谋利益统一起来，将中国革命的胜利与人民群众的彻底解放统一起来，人民群众从开始认识党、逐步相信党，到彻底选择党、一心紧跟党,最终汇聚成打败日本侵略者、推翻国民党反动统治的强大革命洪流,铸造了以"爱党爱军、无私奉献"为核心的伟大的沂蒙精神。这是党和沂蒙人民用生命和鲜血铸就的宝贵精神财富,是党经受考验、战胜危险的独特政治优势和不竭力量源泉。

西山前保卫战就是沂蒙人民爱党爱军、无私奉献的集中表现。它也是在抗日战争时期发生在沂蒙根据地的一场十分惨烈的战斗。日伪军用的是快枪、钢炮,而村自卫团团员们用的大多是鸟枪、土炮、大刀、长矛和农具,力量对比悬殊,但自卫团团员们打得都很顽强。最终全体村民在乡长张作洪的带领下,同仇敌忾、誓与敌人决战到底并取得了战斗的胜利。这是一个以少胜多、以弱胜强的典型例子。西山前村村民的这种不畏强敌、英勇战斗、誓死不当亡国奴的革命精神值得当代大学生学习和弘扬。

【教学建议】

本案例展现了抗日战争时期西山前村村民同仇敌忾、誓死与敌人作战到底的故事。在教学过程中,可通过本案例帮助学生了解人民群众以及党群关系的重要性,同时引导学生继承爱国传统、弘扬民族精神。

本案例适用于《马克思主义基本原理》第三章第三节"人民群众在历史发展中的作用"的辅助教学;同时适用于《思想道德与法治》第三章"继承优良传统 弘扬中国精神"的辅助教学;还适用于《中国近现代史纲要》第六章第二节"中国人民奋起抗击日本侵略者"的辅助教学。

第二编 优良传统 民族精神

"优良传统 民族精神"思政课教学案例之一
　　——以莒南县第一位民选县长王东年的故事为例

"优良传统 民族精神"思政课教学案例之二
　　——以明德英的故事为例

"优良传统 民族精神"思政课教学案例之三
　　——以王换于的故事为例

"优良传统 民族精神"思政课教学案例之四
　　——以祖秀莲的故事为例

"优良传统 民族精神"思政课教学案例之五
　　——以王步荣的故事为例

"优良传统 民族精神"思政课教学案例之六
　　——以"沂蒙六姐妹"的故事为例

"优良传统 民族精神"思政课教学案例之七
　　——以"陈毅担架队"的故事为例

"优良传统 民族精神"思政课教学案例之八
　　——以李自兰的故事为例

"优良传统 民族精神"思政课教学案例之九
　　——以梁怀玉的故事为例

"优良传统 民族精神"思政课教学案例之十
　　——以《跟着共产党走》的诞生为例

"优良传统 民族精神"思政课教学案例之十一
　　——以《沂蒙山小调》的诞生为例

"优良传统　民族精神"
思政课教学案例之一

——以莒南县第一位民选县长王东年的故事为例

【案例正文】

据统计,1941年前后,在山东抗日根据地,在71个县政府中,民选的县长占94%。在根据地村级政权中,大都由村民大会或村民代表会议选举产生,产生了一批庄户县长、牛倌区长、长工村长。由于农民不识字,就创造了一些简单而有效的选举方法,这其中,比较有代表性的就是"豆选"。选民们将自己手中的那粒豆子看得非常神圣。他们说,"金豆豆,银豆豆,豆豆不能随便投;选好人,做好事,投到好人碗里头"。在今天看来,这种选举方法非常原始,但那一粒粒豆子却承载了那些识字不多和不识字的老百姓的选举意志。王东年便是莒南县第一位民选县长,他身体力行、模范践行党的宗旨的行为在莒南当地一直被传为佳话。

王东年,与王尽美同族同村,莒县北杏村(今属诸城市)人,1915年出生于一个封建地主家庭,7岁入村塾,后改读小学,小学毕业后以优异成绩考入省立第十三初级中学,1936年考入省立济南一中。他自幼聪明好学,善于思考,具有强烈的爱国意识和思想。

1937年抗日战争全面爆发后,休学在家养病的王东年,面对国民党的节节败退、日军的"三光"暴行,再也按捺不住心中怒火。为寻求救国真理,激发青年的爱国热情,他暗中联系部分失学回家的学生和地方上思想进步的青年,组成读书会。在读书会上,王东年引导大家认真学习《大众哲学》《世界知识》等进步书刊。读书会期间,经王乃征介绍,王东年加入了中国共产党。不久,中共北杏党支部成立,他被选为组织委员。

1937年底,莒县地区出现了多股小部队,有国民党的残部、地主武装,还有一些是土匪队伍,他们打着抗日的旗号,到处鱼肉百姓。面对此种情况,王东年及支部一班人,心急如焚,自愧是一群文弱书生,报国无门,救国乏术。恰巧此时,原任张步云部特务连长的莫正民不愿追随张步云当汉奸,率几个弟兄到北杏一带组织抗日武装。支部一班人喜出望外,经研究分析,认为莫正民是比较理想的合作伙伴,便决定以莫正民部为基础,组织抗日队伍。在支部一班人的带动下,大批有识之士也纷纷加入莫正民部。不久,莫正民部即发展到1 000多人,成立了3个大队,王东年初任政训处长,继任政治部主任、支队副司令。部队每到一处,王东年就带领政治部人员协助驻地群众组织自卫团,站岗放哨,盘查行人,开仓济贫。所以,这支部队所到之处,皆受到群众的热烈拥护,一时军威大振。1938年初,部队扩大到3 000多人,被编为国民革命军新编第六师独立旅,王东年任二团二营营长。同年秋,新六师奉令到冀南地区驻防。

1939年冬,国民党掀起第一次反共高潮。高树勋亦改变了原来的面貌,在部队中开始对共产党人的活动加以限制、排挤,进而打击。早已暴露身份的王东年更是他们排挤、打击的主要对象。为改造这支部队,王东年置排挤、打击于不顾,坚决斗争,做艰苦细致的工作,但收效甚微。在此情况下,王东年离开该部,重新回到鲁东南地区,参加了八路军山东抗日游击队第二支队。

1940年3月,莒县抗日民主政府成立,王东年任政府秘书。同年9月22日,莒县参议会成立,他又被公推为参议长。1941年1月,莒南县政府成立,王东年成为第一位民选县长。由于王东年当时穿一件粗布棉袄,腰束一根布绳,头戴黑毡帽,脚穿芦草毛窝子,完全是一副农民的装束,因此,有的人说他像庄户人,把他称为"庄户县长"。

王东年担任县长没几天,蒋介石制造了震惊中外的皖南事变,全国人民无不义愤填膺。当时莒南县府驻岈山区的圈子、派庄(现坊前乡)一带。王东年亲自编写了剧本,内容是坚持抗战、反对投降,坚持团结、反对分裂,以唤起人民群众警惕蒋敌伪合流。王东年还亲自组织大家排练并参加演出。主纪先、王伟、孙树生、赵雷彪等同志都参加,饰演何应钦、汪精卫、陈璧君等。春节期间,他们在桑庄、坊前、龙头等村庄演出多场,宣传、教育群众。莒北认贼作父的汉奸、反动地主于经五利用封建迷信组织反动道会门"万仙会",拉拢迷惑群众,一时妖雾刮到莒南北部,王东年又写了个剧本,揭露"万仙会"的丑恶罪行。王东年亲自演出,在十字路、白龙汪、筵宾等地演出多场,教育群众认清了"万仙会"的反动面目。

1941年冬季,灾荒十分严重,县委、县府机关和许多农民一样都吃不上饭。

有一次县府驻兰墩村,弄了一些已经发霉成块的地瓜干,烙煎饼不成形,霉、涩、苦味甚浓,王东年带头吃,于是大家也都跟着吃了。当时莒北敌占区有1 000余名贫苦农民由于不堪忍受日伪军的摧残和饥饿,成群结队涌来莒南,那些老人骨瘦如柴,很多婴儿嗷嗷待哺。看到这种情况,王东年在前泉头召开群众大会,向大家讲"咱们天下穷人是一家,咱不帮穷谁帮穷,不能见死不救"等道理。他的这一席感人肺腑的话,把难民和全村的群众感动得流下了热泪,许多村民主动捐粮、献草,帮难民渡过难关。

据莒南县志记载,1942至1944年连续三年大旱。旱灾和蝗灾引发了严重的饥荒。面对面黄肌瘦、衣衫褴褛的难民,王东年忧心如焚,寝食难安,就提笔给家里写了一封信。信的大意是:父母大人,我们这里闹饥荒了,乡亲们日子过得很苦,没有穿的,没有吃的,连树皮都吃光了,有些人都饿死了、病死了。我知道,家里也没有多余的资产,咱还是把祖林里的那些大柏树卖了吧,用这些钱能救活好多的孩子和老人。父亲、母亲,我从小受你们的言传身教,是你们让我明白了识大体、晓大义的道理。我知道,卖祖林属于大逆不道,是咱们家族的一种耻辱。但自古忠孝难两全,儿子只能愧对列祖列宗,但不能愧对我的乡亲啊!几天后,家中送来了两百块大洋,他用这笔钱救助了大批群众的生命。许多群众感动地说:"古往今来,有谁能舍得祖坟的林产为咱们穷人呢?只有共产党才能这样做,只有共产党才是我们的亲人啊!"

1943年8月,中共莒北县委、县政府成立,王东年任县委委员、县长。为进一步扩大抗日根据地,同年秋,王东年带领部分武装开赴莒(县)诸(城)边地区开展工作。10月,中共莒诸边县委、县政府成立,王东年任县委委员、县长。

1944年11月14日,伪莒县保安副大队长莫正民率所部3 500余人反正,被编为八路军山东军区独立二旅,王东年奉命担任该部政治部主任,任主任期间为该部的改造和政治建军做了大量卓有成效的工作。短时间内,该部成了闻名鲁南的特别能打阻击战的部队。

1945年11月,遵照党组织的决定,王东年由部队回到地方改任滨北专署专员。1949年3月,他又奉命率大批干部随解放军南下,支援新解放区。9月,苏州市解放,他被任命为市长。1952年11月被调往国家统计局工作。1955年5月改任外贸部技术合作局副局长,后任局长。1958年12月调任国家科委国际合作局局长。1964年4月改任全国科技协会书记处书记。1971年2月在北京去世,时年56岁。

王东年一生都在用自己的行动践行着群众路线,践行着全心全意为人民服务的宗旨。

(资料来源:中共山东省委宣传部:《永恒——沂蒙精神与群众路线》,山东人民出版社2013年版。)

【思考讨论】

作为莒南县第一位民选县长,王东年是如何身体力行、模范践行党的群众路线的?

【案例解析】

党的百年发展历程告诉我们,来自人民、植根人民、服务人民,是我们党永远立于不败之地的根本。以人为本、执政为民是我们党的性质和全心全意为人民服务根本宗旨的集中体现,是指引、评价、检验我们党一切执政活动的最高标准。全党同志必须牢记,密切联系群众是我们党的最大政治优势。我们必须始终把人民利益放在第一位,把实现好、维护好、发展好最广大人民根本利益作为一切工作的出发点和落脚点,做到权为民所用、情为民所系、利为民所谋,使我们的工作获得最广泛最可靠最牢固的群众基础和力量源泉。

2021年习近平总书记在庆祝中国共产党成立100周年大会上的讲话中指出:"江山就是人民、人民就是江山,打江山、守江山,守的是人民的心。中国共产党根基在人民、血脉在人民、力量在人民。中国共产党始终代表最广大人民根本利益,与人民休戚与共、生死相依,没有任何自己特殊的利益,从来不代表任何利益集团、任何权势团体、任何特权阶层的利益。"

王东年作为莒南县第一位民选县长,动员家人卖掉祖林救助老百姓,真正践行了党的全心全意为人民服务的宗旨,践行了党的群众路线。

【教学建议】

本案例展现了莒南县第一位民选县长王东年是如何身体力行、遵循党的宗旨、模范践行群众路线的。在教学过程中,可通过本案例让学生了解和认识到践行群众路线以及坚定理想信念的重要性。

本案例适用于《中国近现代史纲要》第七章"为建立新中国而奋斗"的辅助教学;同时适用于《思想道德和法治》第二章"追求远大理想　坚定崇高信念"的辅助教学。

"优良传统 民族精神"
思政课教学案例之二

——以明德英的故事为例

【案例正文】

　　沂南县马牧池乡境内有一条长达数十里的蜿蜒小河,叫王家河,闻名全国的"红嫂"明德英生前就住在河边的横河村。

　　明德英,1911年出生于沂南县马牧池乡一个贫苦的家庭,两岁时因病致哑,21岁时嫁给一贫如洗、时常以要饭为生的横河村村民李开田。乡亲们看到他们生活艰辛,便让他们去照看墓林。明德英一家就在墓地边搭起了一个窝棚,住了下来。1941年冬,大批日伪军包围了驻沂南马牧池村的八路军山东纵队司令部。11月4日,一名负伤的八路军小战士冲出敌人的包围,艰难地跑到马牧池村西河岸边,在坟茔、树木间躲避敌人的追赶。他经过明德英的窝棚时,明德英立刻迎上去将他拉进自家窝棚,让负伤的小战士躺在床上,将仅有的一床被子盖在他的身上。很快,两个日本兵追赶到窝棚门前。日本兵在盘问中发现她是哑巴,就比划着战士的身高、衣着,意思是问她八路军战士跑到哪里去了。明德英毫不犹豫地朝西山指了指,两个日本兵就急忙朝西山方向追去。日本兵走后,明德英立刻回到窝棚,来到床前掀开被子,发现小战士因伤口流血过多已经昏迷过去。正在哺乳期的明德英来不及烧水做饭,她毫不犹豫地解开衣襟,用自己的乳汁救护小战士,小战士终于醒了过来。随后,为了小战士的安全,她和丈夫一起把他转移到坟地中一座刚刚垒好的空坟里。5天以后,小战士的伤口感染化脓,明德英心急如焚,她每天用盐水为他擦洗伤口,又把家中仅有的两只鸡宰杀熬成鸡汤,一口一口地喂给小战士。半个多月后,在明德英和丈夫的精心护理下,小战士伤愈归队。而为了保护小战士,明德英自己的小儿子却被日本鬼子摔坏了脑子,导致智力低下,生活不能自理。

　　1943年初,八路军山东纵队年仅13岁的看护员庄新民在反"扫荡"中与部队走散，不慎掉队，身体多处被山石划伤，与躲难的群众一起被日军抓住。由于他年龄小，身穿老百姓的服装，没有暴露身份。明德英的丈夫李开田正巧在被抓的群众中，他见庄新民年龄小、多处有伤，为了掩护他，就与他以父子相称，没有引起日军的怀疑。到泰安后，他们一起被日军释放。李开田背着身体虚弱、伤口化脓的庄新民，翻山越岭，跨沟过河，长途跋涉几百里，终于回到了沂南老家。李开田和明德英夫妇冒着日伪军时常搜查的危险，在自己的窝棚、附近墓地、石沟草丛里，经常转移着伤病虚弱的小战士庄新民，并精心护理和照料。明德英还时常用自己的奶水喂养他，终于把他从死亡线上救了回来。经过一段时间的悉心护理，庄新民的伤口逐渐愈合，身体也恢复健康。他依依不舍地含泪告别救命恩人，踏上了归队的征途，并顺利地找到了部队。1955年，在上海工作的庄新民经过多方查找，与明德英夫妇取得了联系，经常书信往来。1956年，庄新民写信邀请李开田到上海团聚了半个多月。"文革"期间，造反派想凭庄新民离开部队一段时间的历史，污蔑庄新民是叛徒。明德英夫妇仗义执言，再次做了实事求是的证明，使庄新民幸免于难，得以继续为党工作。庄新民感慨万分地说："明德英第二次救了我的命。"1985年春，在上海工作的庄新民又一次踏上沂蒙大地，见到了阔别40多年的救命恩人明德英。年过半百的庄新民像孩子一样抱着明德英失声痛哭……看到此情此景，在场的群众都忍不住流下了热泪。

与掩护、抢救部队指战员和地方军政人员而牺牲的众多沂蒙乡亲相比，明德英用自己的乳汁救伤员算不上什么英勇的壮举。但是，在当时受"男女授受不亲"封建思想影响的山村，她这种机智果敢而又高尚的行为却是感天动地的。

新中国成立后，明德英又先后送其儿子、闺女、侄子、孙子四位亲人参军。

1995年4月21日，明德英在横河村病逝。2002年，庄新民以长子的身份为两位老人立了碑。

明德英救护伤员的事迹广泛流传，被誉为沂蒙"红嫂"。国防部原部长迟浩田上将在探望明德英时亲笔题词："蒙山高，沂水长，好红嫂，永难忘。"她救护八路军战士的情节，后被写入小说《红嫂》，编入京剧《红云岗》等。沂蒙红嫂用乳汁救伤员的故事传遍全国，家喻户晓，明德英也被公认为"沂蒙红嫂"的生活原型，赢得了人们的敬重和爱戴。

（资料来源：徐东升、费聿辉：《沂蒙精神与社会主义核心价值体系研究》，中央文献出版社2012年版；沂南县党的群众路线教育实践基地办公室：《沂蒙红嫂志》，中国文史出版社2015年版。）

【思考讨论】

1. "沂蒙红嫂"明德英用乳汁救伤员体现出了一种怎样的精神？
2. 明德英的事迹给当代大学生带来哪些思考？

【案例解析】

以沂蒙山区为中心的山东根据地，是我党我军在革命战争时期创建的全国最重要的根据地之一。在中国共产党的领导和培育下，沂蒙人民与山东党政军一起，共同创造了以"水乳交融、生死与共"为本质内容的沂蒙精神。在残酷的战争环境中，在血与火的生死考验中，目睹历史变迁的沂蒙人民，从心底认准了只有共产党才能救中国，把满腔热情倾注到支援中国革命上。人民，只有人民，才是历史的创造者，才是真正的英雄。那时的沂蒙山区，流行的是"最后一口粮做军粮，最后一块布做军装，最后一个儿子送战场"，激荡的是"乡乡有红嫂，村村有烈士"。不顾危险和封建礼教，用乳汁救活八路军伤员的明德英，用饱含深情的无声大爱诠释了沂蒙人民"水乳交融、生死与共"的高贵品质。千千万万沂蒙儿女用小车、乳汁、小米、布头，用血肉之躯，战胜了一个又一个困难，夺取了一个又一个胜利，沂蒙精神是英雄的山东军民共同创造的精神财富。

人民是我们党的力量源泉，我们党的根基在人民、血脉在人民，人民是我们事业发展、永葆生机活力的根本；只有一切为了群众，一切依靠群众，才能克服前进道路上的一切艰难险阻，永远立于不败之地。我们党从登上历史舞台的那一天起，就始终坚持人民主体地位，将党和群众的关系，比之如鱼水，喻之为血肉，视之为种子与土地，紧紧依靠人民群众而不懈奋斗。无论是新民主主义革命时期、社会主义革命和建设时期还是改革开放和社会主义现代化建设的新时期，我们党取得的每一个辉煌成就，都是紧紧依靠人民群众来实现的。

在新的历史条件下大力弘扬沂蒙精神，就是要始终把群众放在心中最高的位置，紧紧地依靠群众，从群众期待中获得力量，从群众实践中汲取智慧，始终与群众同呼吸、共命运、心连心，奋力开创更加美好的未来。

【教学建议】

本案例展现了"沂蒙红嫂"明德英不顾危险和封建礼教,用乳汁救活八路军伤员的故事,诠释了"水乳交融、生死与共"的军民鱼水深情。在教学过程中,可通过本案例让学生明白党群关系和群众路线教育的重要性。

本案例适用于《思想道德与法治》第三章"继承优良传统　弘扬中国精神"的辅助教学;同时适用于《中国近现代史纲要》第六章"中华民族的抗日战争"的辅助教学;还适用于《习近平新时代中国特色社会主义思想概论》第四章"坚持以人民为中心"的辅助教学。

"优良传统　民族精神"
思政课教学案例之三

——以王换于的故事为例

【案例正文】

抗日战争初期,在艰苦恶劣的对敌斗争中,沂南县东辛庄广大人民群众踊跃参军支前,为抗日做出了突出贡献,被誉为沂蒙根据地的抗日"堡垒村"。罗荣桓、徐向前、黎玉等经常到这里来,这一带一度成为山东抗战的指挥中心。村中有家"堡垒户",带头人便是著名的"四大娘"之一的王换于。她也是电视剧《沂蒙》中女主人公"于宝珍"的人物原型。

1888年,王换于出生于沂南县岸堤镇圈里村一户贫穷的王姓家里,直到出嫁也没有自己的名字。19岁嫁到马牧池乡东辛庄于家,她就被称为于王氏。抗战爆发后,于王氏因性格直爽、办事干练,思想比较先进,被当地党组织培养成了抗日积极分子。据说于王氏嫁到婆家时,于家用了两斗谷子,1938年于王氏入党时有位干部说她从王家嫁到于家,是用两斗谷子换的,就叫王换于吧。从此,这个普普通通的山东农村妇女的名字,和中国革命紧密地联系在一起。

王换于悉心抚养革命后代。1939年6月,徐向前率八路军第一纵队领导机关到达王换于家后,便委托王换于在当地党组织的协助下办起战时部队机关托儿所,一次就抚养了27个孩子。从此,王换于家的老屋就成了战时托儿所的"中心"。这些孩子最大的七八岁,最小的才出生3天,其中有陈沂、马楠夫妇的女儿陈小聪等。平时王换于将这些孩子放在周围7个抗日"堡垒户"家中分散抚养,每当日寇对根据地进行大的"扫荡"时,王换于便把孩子们集中到她家掩护抚养。

对于战时托儿所里的每一个孩子,王换于都用生命来呵护。一次她到西辛庄看寄养的孩子时,看到一位烈士的孩子没有奶吃,瘦得不成样,她就将孩子抱回家,交给正在哺乳期的二儿媳。此时二儿媳正抚养着自己的孩子和几个抗日将士的孩子,奶水显然不够吃。王换于含着眼泪叮咛:"烈士的孩子饿死了,就断根了,咱的孩子饿死了,你还能生育,让革命烈士的孩子吃奶,咱们的孩子就吃粗的吧!"结果,从1939年秋到1942年年底的3年时间里,战时托儿所的孩子均健康成长。而王换于自己的2个亲孙子、亲骨肉,3年中因营养不良,先后夭折。

王换于舍命保护革命文献。1940年夏天,全山东的工、农、青、妇、文各界代表,冲破敌人一层又一层的封锁,召开了全省各界代表联合会。大会选举成立了山东省战时工作推行委员会(即省政府的前身),还成立了全省的各群众团体组织。会后出版了一本《山东省联合大会会刊》,全书20多万字,是一份抗战时期少有的珍贵资料。书中收集了所有在会上作报告的领导人的讲话稿,登载了山东省的行政机关和群众团体所有领导成员名单。1941年冬大"扫荡"前夕,山东省参议会副参议长马保三把这本书郑重交给王换于,语重心长地对她说:"现在把这本书交给您保藏,这要比掩护一个战士或干部还重要得多。咱们全山东所有抗日领导机构和干部名单都在上面,要是落到敌人手里,将给我们造成极大损失。您要千方百计把这本书保存好,等战争胜利了,我们再来取。"王换于深感责任重大,从此她把那本书当成了心肝宝贝,用一块印花棉布包好并收藏起来,等待着胜利的消息。抗日战争胜利后,她时刻盼望马保三来取。可是国民党反动派又发动了内战,为给这本书找个安全的地方,她不得不将它频繁转移,有时还带在自己身上,历尽艰辛,最终将书保存了下来。1978年,她把这本书交给了沂南县有关部门。这本书被征调到山东省档案馆,填补了省档案馆关于山东省第一次各界代表联合大会资料的一项空白。

王换于舍生忘死救护八路军伤员。在抗日战争艰苦的岁月中,王换于多次冒着生命危险,掩护并救治了一大批八路军伤员。每当附近有战斗结束,她便和儿媳张淑贞去收容掉队的干部战士,为他们化装,送他们归队。1941年11月的一天下午,一名八路军重伤员被送到王换于的家里。伤员浑身血肉模糊,伤势严重。王换于急忙给他擦洗伤口,并叫老伴慢慢地撬开他的牙齿,让女儿用汤匙将红糖水慢慢送进他的嘴里。经过三天三夜的抢救,伤员终于脱离了危险。伤员叫毕铁华,是报社的同志。1941年11月"留田突围"后,在依汶北大山坚持游击活动的毕铁华、王雁南等同志,回到依汶村察看《大众日报》社掩藏的印刷材料和其他物资,不料夜里突遭敌人包围,毕铁华被捕。敌人对他严刑拷打审问,毕铁华始终拒不回答。后来,敌人误认为毕铁华死了,就把他扔到野外,结果他又苏醒了过来,抱着一线生存的希望,强忍着疼痛爬到了北大山下并遇到了王洪山。

为了早日治好毕铁华的伤口,王换于到处打听民间药方。除了土法子,还用蛤蟆草、车折子给他熬水喝,为他洗伤口。为了安全,王换于把毕铁华转移到山洞里,并让老伴在洞外站岗。在王换于的精心护理下,40多天后,毕铁华终于恢复了健康,重返了抗战前线。

王换于舍田埋葬抗日母女。抗日女战士陈若克很早就参加了革命,她经常给王换于讲解革命的道理,引导王换于踏上了革命道路,在抗日过程中两人建立了深厚的感情。陈若克母女被敌人杀害后,两人的遗体被秘密运到了东辛庄村,看着陈若克因严刑拷打变得面目全非的遗体,王换于悲痛欲绝。当天晚上,她就着昏暗的油灯,连夜为陈若克母女细细缝好寿衣,洗净她们的身体,整理好她们的遗容,好让她们走得安详些。为了安置好烈士母女的后事,王换于变卖了家中仅有的3亩田地,并悄悄将她们母女安葬在自家菜地里,每年都前往悼念,直至去世。

抗战胜利后,山东保育小学600多名学生安置在东辛庄,王换于全家又挑起了全力为小学服务的担子。

1947年,蔡畅在第一次世界妇女代表大会上代表中国妇女作了王换于事迹的专题报告,王换于的名字从此名扬中外。

1989年1月31日,101岁高龄的王换于去世了,走完了她伟大传奇的一生。1997年3月,沂南县妇联、沂南县民政局、马牧池乡人民政府在鲁中烈士陵园为"沂蒙母亲"王换于、"沂蒙红嫂"明德英立碑纪念。2003年春,当地党委政府在有关部门的支持下,在王换于大娘的百年老屋旧址建起了占地2 700多平方米的"沂蒙母亲王换于纪念馆",并为她塑造了铜像,馆名由中央军委原副主席迟浩田题写。

"谁言寸草心,报得三春晖。"新中国成立后的几十年间,特别是1983年以来,遍布在祖国各地的王换于的"儿女"们,纷纷前来东辛庄看望这位革命的老妈妈,几十年的风风雨雨,几十年的悲欢离合,每一位当年在这里喝过沂蒙母亲奶的"孩子",来到她的面前都是长跪不起,一行行的热泪洒在当年曾经养育过他们的故土上。

沂南县党史办的同志向记者介绍说,王换于去世12年后的2001年,罗荣桓元帅之子罗东进代表母亲林月琴专程前往东辛庄,悼念革命母亲,还给王换于家留下一笔钱。2003年春,黑龙江师范大学历史系教授艾鲁林女士,也按照父亲艾楚南生前嘱托,不远千里来沂南为王换于扫墓。当王换于家辞谢她留下的钱时,艾鲁林眼含泪水说:"当年沂蒙母亲冒着生命危险抚养我们,这是无法用金钱报答的。这笔钱无论如何得收下!"还有当年姊妹剧团的姐妹们,也都不间断地结伴前来看望王换于的家人。

"我们出生在山东沂蒙,没有以王换于为代表的沂蒙母亲的养育呵护,就没有我们的今天!"这是原工程兵副司令员胡奇才之子胡鲁克在接受记者采访时的感受。

像王换于这样的沂蒙母亲,无私奉献,救助伤员,抗战支前,为新中国的胜利奠定了稳固的基石,让人们为之动容。

(资料来源:徐东升、费聿辉:《沂蒙精神与社会主义核心价值体系研究》,中央文献出版社 2012 年版;沂南县党的群众路线教育实践基地办公室:《沂蒙红嫂志》,中国文史出版社 2015 年版。)

【思考讨论】

1. "沂蒙母亲"王换于的行为体现出了怎样的精神?
2. 当代大学生从"沂蒙母亲"王换于的事迹中可以得到哪些启示?

【案例解析】

"沂蒙母亲"王换于在艰苦的抗战岁月中,热情为山东党政军领导机关服务、创办战时托儿所、率全家拥军支前,表现出了爱党爱军、无私奉献的高贵品质以及对党坚定不移的信念、艰苦奋斗的作风,从而展现了沂蒙人民为抵御外来侵略而不屈不挠、前赴后继、英勇奋斗的光荣历史,同时也体现出了毛泽东人民战争的光辉思想和人民群众是打不破的铜墙铁壁的观点。

"爱党爱军"展示了沂蒙人民所具有的立场坚定、方向明确、追求执着的崇高政治信仰。"无私奉献"展现了沂蒙人民顾全大局、公而忘私、自我牺牲、勇于奉献的价值取向。沂蒙人民在党的领导下,经过长期的战争考验,亲身体验到党是一切为了群众,全心全意为人民服务的,是对群众负责的,从而形成了坚定的爱党爱军、无私奉献的政治觉悟,并将这种发自内心的爱转化为实际行动。所以,在战火纷飞的战争年代才涌现出了像冒着生命危险掩护和抚养革命后代的"沂蒙母亲"王换于这样的可歌可泣的人物。

在党的群众路线教育实践活动中,用"爱党爱军""无私奉献"的这些感天动地的典型事例和典型人物去教育党员、干部,对于保持党同群众之间的血肉联系,深入推进党的群众路线教育实践活动具有重要的历史意义和现实意义,也使人们深刻地认识到:中国共产党党员必须全心全意为人民服务,必须密切联系群众,"一切为了群众,一切依靠群众,从群众中来,到群众中去"。

【教学建议】

本案例展现了"沂蒙母亲"王换于冒着生命危险掩护和抚养革命后代、为中国革命奉献大爱的感人事迹。在教学过程中,通过本案例让学生明白密切党群关系和进行群众路线教育的重要性。

本案例适用于《思想道德与法治》第三章"继承优良传统　弘扬中国精神"的辅助教学;同时适用于《中国近现代史纲要》第六章"中华民族的抗日战争"的辅助教学;还适用于《马克思主义基本原理》第三章第三节"人民群众在历史发展中的作用"的辅助教学。

"优良传统　民族精神"
思政课教学案例之四

——以祖秀莲的故事为例

【案例正文】

2014年6月,微电影《祖秀莲》上映,该影片再现了当年沂蒙红嫂祖秀莲用鸡汤救伤员、被救战士郭伍士退伍后回沂蒙认母奉养晚年的故事。

祖秀莲,原名祖玉兰,沂蒙山区著名"红嫂"之一。1891年出生于沂南县马牧池乡杏墩子村,后与沂水县远东头乡桃棵子村张志新结婚。祖秀莲虽是一位农家妇女,但对为民族、为人民而流血战斗的共产党、八路军有着朴素而崇高的感情。1939年初,年近50的祖秀莲参加了本村妇女救国联合会,磨军粮、做军鞋,积极投入抗日活动。

抗日战争初期,桃棵子村一带是八路军建立的一块根据地。1941年冬天,日伪军出动5万余人对沂蒙山区开展"铁臂合围"式的"扫荡"。八路军战士郭伍士在桃棵子村南挡阳山下被敌人的子弹打中,倒下后又挨了几刺刀……郭伍士失去了知觉。

不知过了多长时间,郭伍士才从昏迷中慢慢醒来,只觉得天旋地转,身子像躺在千万把刀尖上,口里和心窝里,就像有块烧红的铁,只想猛喝一顿水。郭伍士慢慢睁开了眼睛,见太阳偏西了。西山上,传来激烈的枪声。他拼上最大的力气坐了起来,就在这时,猛听见身边有脚步声,他以为又是敌人来了,就伸手抓石头,想和敌人拼命。还没等到郭伍士扭过身子,那人已经来到他身边,低声说:"同志,同志!你还活着……"郭伍士吃力地一看,原来是一位老汉蹲在他的身边。在战争年代,八路军不管走到哪里,见了老百姓就像见了自己的亲人。这时,郭伍士的身子一软,靠在了老汉的身上,心里想说喝水,不知怎么就是说不出。他用手一摸,嘴边全是血。老汉忙扶住他,让他别动,一边给他包腿上和胳膊上的伤,一边说:"同志,我知道淌了血的人想喝水,可这里哪有水啊!我叫张恒兰,家是南墙峪的。我到这里放羊,羊群被敌人冲散了,找羊,才见你躺在这里。我真以为你……谁知我下腰摸了摸你心口窝,还热乎。我想把你背走,可到处是敌人,就把你用草盖了盖。这阵子敌人都上了西山,我给你包好伤,快离开这里……"听了张恒兰大爷的话,郭伍士才感觉到自己身上盖了一些山草。他看着这位救他的放羊人,心里有千言万语想向他倾诉,可是什么也说不出。

大爷扶郭伍士站了起来,把放羊鞭塞到他的手里,说:"敌人说不定啥时候来,你快离开这里!我村离这里远,你先到桃棵子村去。"大爷向北一指:"那不,往北走几百步就是村头。我赶着羊太招眼,我往南把敌人引开,来掩护你。"

郭伍士点了点头,艰难的拄着放羊鞭杆,移动着沉重的脚步。每走一步,都得用上全身的力气,眼前一阵阵发黑,好不容易到了桃棵子村村头,心里却凉了半截:村里空荡荡的,一个人影也不见。一连走过几个人家的大门口,全部锁着门。桃棵子村在一条几里长的山谷里,村民住得非常分散,从这几家到那几家往往要上沟爬崖。他忍着疼痛和干渴,倚在一块石头上休息了一会又往前面的一户人家走去。

没想到,这家的门开着。郭伍士不知哪来的力气,几步冲进了院子。屋门也没上锁,屋里面还冒出点烟。就在这时,从屋里走出一位50岁上下的大娘。她高高的个儿,穿着一件土布浅蓝褂子。她就是祖秀莲。她看见郭伍士,猛地站住了,手里的碗"当啷"一声掉在地上。

祖秀莲很快明白过来了,她从郭伍士的衣服上断定这是一位八路军伤员,口里说着:"你,你,我的老天爷……"几步跑了过去,用尽力气把郭伍士扶进了屋。见郭伍士指指锅台上的泥壶,又指指嘴,知道他要喝水,便烧了开水,放上盐,给他喝。但他怎么也喝不进去。原来,几颗断牙让血块包着,塞满了郭伍士的嘴,她轻轻地把手伸进郭伍士嘴里,慢慢地把沾满血块的牙抠了出来,又一连抠出了几个粘在喉咙上的血块子,再倒上水,郭伍士这才喝上了救命之水。

晚上,敌人又进了桃棵子村。让祖秀莲最不放心的是把伤员藏在什么地方。正在她和丈夫着急的时候,她本家的3个侄子来了:一个是给他起了祖秀莲这个名字、新中国成立后当了村支书的张衡军,一个是到人民公社时期当了大队长的张衡宾,还有一个是张衡玉。他们本来是想趁敌人没回村过来把祖秀莲的丈夫背出去的,祖秀莲的丈夫得了疟疾,一直瘫卧在床。祖秀莲让他们先背郭伍士,把郭伍士藏到村后崖下一间柴草屋子里,她千叮咛万嘱咐,一定不能把伤员丢在柴草屋子不管,务必在外看好了。第二天敌人回据点了,3个青年才又将伤员郭伍士抬回到祖秀莲的家里。祖秀莲这才发现伤员身上前后上下7处伤口，嘴上、脖子后还流着血，肚子伤口处还能看到肠子。因为没有药物，她烧了热水，放上点盐，一点一点给伤员清洗、包扎。伤口包好后，吃什么呢？这里山岭薄地，本来家家粮食就不多，老百姓把大部分粮食和干菜都拿出来支援了八路军，再加上敌人这次大"扫荡"，烧杀抢掠，弄得家家连糠菜都吃不上。祖秀莲家好几口人，天天吃的是糠团子和地瓜秧，就是祖秀莲生病的丈夫嘴边也没沾半点米面。她想到平时还养了只鸡，便用鸡换了半提篮小麦面，每顿饭给郭伍士做面糊糊，一口一口喂他。后来，这些面吃完了，祖秀莲又东家凑一点，西家要一点。过了几天，实在也借不到了，她就晚上纺线，白天到敌人占据的集市上把线卖了，换点米面给郭伍士吃。

敌人三天两头来"扫荡"，村里的人不是钻山沟就是进地洞。郭伍士浑身是伤，有时昏迷不醒，有时甚至控制不住乱喊乱叫、乱爬乱走。这可把祖秀莲愁坏了，把他藏到哪里好呢？后来她和张衡军等人商量，把郭伍士藏在村西一块大卧牛石下的一个洞子里。这个洞子是村里人挖的，给不便走动的妇女、老人藏身用的。这些妇女、老人全部进山，把这个洞子让给了郭伍士。祖秀莲把洞子收拾好，铺些草，敌人一来，就把郭伍士背到这里，再叫张衡军他们在外面把洞口用石块垒起来。这年秋天热，洞中既潮湿又闷热，还缺医少药，不几天，郭伍士的伤口就都感染化了脓，身体不能动弹，他发着高烧，处于半昏迷状态。郭伍士又一次到了死亡的边缘。

祖秀莲天天给郭伍士擦洗，一次又一次地给他包扎伤口，想尽一切办法照顾他。经过20多天的精心护理，郭伍士的伤情一天比一天好转。这时候，这一带整个形势也有了好转，敌人很少来了。祖秀莲听村里干部说八路军后方医院到了山后中峪村一带，便连夜为郭伍士收拾好衣物，包上干粮。村干部挑了几个可靠的青年，抬上郭伍士，趁天黑，翻过一座大山，终于找到了八路军后方医院。八路军伤员郭伍士被救活了，他伤好后又回到了部队。临走时，祖秀莲嘱咐他，不管走到天南海北，一定捎个信儿来。郭伍士说，无论战斗到哪里也忘不了她这个"娘"。

1942年10月，日伪军万余人再次对沂蒙山区进行"扫荡"。祖秀莲又不顾个人安危，帮助抗大一分校掩藏文件和物资，并同妇救会其他人员一起积极救护和疏散八路军伤员。

郭伍士是山西人，抗战后参加东进的八路军到了山东。1947年，他因身体多病需要转业，特意申请转业到沂蒙地区。不久，他被上级安排到了沂南县。在那里，他结婚成了家。1958年，郭伍士翻山越岭，走村串户，终于找到了桃棵子村。他先找到了村支部书记，说起了祖秀莲当年救自己的故事。哪知这位支部书记就是当年抬过他、藏过他的张衡军！张衡军很快领着他找到了祖秀莲。经上级同意，郭伍士自沂南迁入桃棵子村，与不是母亲却胜过母亲的祖秀莲同住一村，母子相称。在随后的日子里，郭伍士对祖秀莲像亲娘一样伺候，每月都从补助金里拿出一部分给祖秀莲，上级供应给他的花生油，也都送给了祖秀莲家，还不断买好吃的孝敬老人。郭伍士来后生育三男一女，祖秀莲帮着他拉扯孩子，这些后辈一直叫祖秀莲奶奶。1977年7月，祖秀莲去世。1984年，郭伍士也去世了，家人把他葬在了村南的山坳里，和"祖秀莲纪念墓"隔村相望。此后两家人依然亲如一家。

20世纪60年代初，作家刘知侠采访了他们，并以此为线索，创作了《沂蒙山的故事》。

（资料来源：郭伍士：《人民，我的母亲》，《忆沂蒙》（上），山东人民出版社1983年版；沂水县政协：《"红嫂"祖秀莲》，《春秋》2011年第4期。）

【思考讨论】

你对沂蒙红嫂祖秀莲救治八路军战士的故事有哪些感悟？

【案例解析】

在中国共产党的领导和培育下，沂蒙人民与山东党政军一起，共同铸就了"水乳交融、生死与共"的沂蒙精神。沂蒙精神的根本是战争年代凝结的军民鱼水情意。"沂蒙红嫂"祖秀莲救治八路军战士的故事就是当年军民鱼水情深的一个缩影。

习近平总书记指出："人民是我们党执政的最大底气，是我们共和国的坚实根基，是我们强党兴国的根本所在。我们党来自于人民，为人民而生，因人民而兴，必须始终与人民心心相印、与人民同甘共苦、与人民团结奋斗。每个共产党员都要弄明白，党除了人民利益之外没有自己的特殊利益，党的一切工作都是为了实现好、维护好、发展好最广大人民根本利益；人民是历史的创造者、人民是真正的英雄,必须相信人民、依靠人民;我们永远是劳动人民的普通一员,必须保持同人民群众的血肉联系。"在新形势下,领导干部特别是党员领导干部,只有始终坚持群众路线,树立宗旨意识,全心全意为人民服务,从人民群众的根本利益出发,为人民群众的幸福安康而奋斗,人民群众才会把心交给党,坚定地跟党走,与党心连心、肩并肩、同呼吸、共命运。

【教学建议】

本案例展现了"沂蒙红嫂"祖秀莲冒着生命危险救治八路军战士的故事,体现出了革命战争年代的军民鱼水情。在教学过程中,可通过本案例让学生明白密切党群关系和进行群众路线教育的重要性。

本案例适用于《思想道德与法治》第三章"继承优良传统　弘扬中国精神"的辅助教学;同时适用于《中国近现代史纲要》第六章"中华民族的抗日战争"的辅助教学。

"优良传统　民族精神"
思政课教学案例之五
——以王步荣的故事为例

【案例正文】

"朝阳官庄彭大娘,拥军工作做得强。母送子来,妻送郎,彭大娘四儿一女上前方。"[1]这是在1945年的《大众日报》上刊登的一支脍炙人口的秧歌的歌词。

歌词中的彭大娘,就是沂水县朝阳官庄村的被授予"鲁中区模范军属"称号的王步荣。王步荣是沂水县沂水镇小滑石沟村人,因丈夫姓彭,人们都叫她彭大娘。彭大娘34岁时,丈夫不幸病故。5个孩子靠她一人抚养,生活十分艰难,万般无奈,只好把大儿子、二儿子送到地主家扛长活,地主家非人的生活给二儿子幼小的心灵种下了仇恨的种子,他较早地接触了革命。1937年,王步荣积极支持二儿子到沂水抗日游击十九中队当兵。二儿子参加的革命使这个历经磨难的妇女懂得了穷人只有起来革命、才能翻身解放的道理。于是她积极参加革命活动,并担任了村贫民互救会组长。她整日里四处奔波,各项工作干得都很出色。1938年,她光荣地加入了中国共产党。从此,她的家就成了我党的秘密联络点。当时省、县、区的干部康冠三、张金星、王文绍、王文清、黄达真、李红、来玉芳、姚其贵等同志都经常吃住在她家。王步荣大娘倾注全部热情为他们烧水做饭、站岗放哨、传递情报……有一次,黄达真同志在执行任务中被敌人抓住,受到敌人严刑拷打。党组织设法把他营救出来后,就安排他在王步荣家休养。王步荣大娘看着遍体鳞伤的同志,心疼得直流眼泪。她冒着生命危险上山采草药,尝试用土方给他治疗,每天给他熬药洗伤口,并把家中的母鸡杀了煮好给他滋补身体。经过王步荣的精心护理,黄达真同志恢复了健康,重新回到了战斗岗位。

---

[1] 临沂地区妇联:《沂蒙红嫂》,黄河出版社1990年版,第37页。

1939年,王步荣的二儿子在攻打敌人据点时英勇牺牲。二儿子牺牲后,王步荣没有被悲痛所压倒,她擦干眼泪,又将三儿子送到区中队。她斩钉截铁地说:"俺家老二牺牲了,给部队带来了损失。再把老三交给你们,让他多杀鬼子,给老二和牺牲的同志报仇!"1942年在抗战最艰苦的时期,她又将刚满14岁的四儿子送到山东纵队当兵。接着,党组织号召队员一部分女同志到后方学习,为部队培养医护人员,王步荣又说服女儿和本村两名姑娘积极参加。

1944年,王步荣已是妇救会会长,她虽已55岁,但爱党拥军的热情不减当年。在1945年大参军运动中,对党忠心耿耿的她又想起了唯一留在身边的大儿子。在一个阴雨连绵的夜晚,王步荣躺在床上翻来覆去,怎么也睡不着。她知道这次动员参军的任务很重,如果自己带头把留在身边的大儿子送去参军,工作就好做了,可自己已先后把4个儿女送到军队上,只有这1个儿子留在身边,儿子34岁才娶上媳妇,孩子还不到1岁就让他参军,工作能做得通吗?儿媳能理解吗?她又想到了自己的一生……辗转反侧,一夜未眠。天亮时,雨还在淅淅沥沥地下着,王步荣实在躺不住了,就早早起了床。她收拾好了锅灶,先烧了一大锅开水,预备着同志们来喝,然后做好了一家人的早饭,并做了两个平日里从不舍得吃的荷包蛋。这时天已大亮,大儿子、大儿媳妇也都相继起床,王步荣摆好饭菜,把一家人叫来坐下,然后亲自把盛有两个荷包蛋的饭碗递到了大儿子手里。大儿子一看愣住了,可他马上明白了什么,停顿了一会,他瓮声瓮气地说:"娘,你是让我去参军吧,我不去,我要留在您身边。"忠厚老实的大儿子,历来对母亲是唯命是从的,可这次……王步荣张了张嘴,要说的话又咽了下去,她知道大儿子是个孝顺孩子,她拍了拍大儿子的肩膀说:"孩子,娘理解你的心情,你不是不愿去,而是觉得家里需要你,可现今部队更需要你,只要你报了名,咱村的工作就好做了……"她又开导了大儿子半天,并做通了大儿媳妇的工作。在动参大会上,大儿子第一个报名参军,这一行动影响了全村,出现了母送子、妻送郎、兄妹相送、爷仨争参军的热烈场面。这个仅300余人的小村,就有40多名青壮年参军。为此,中共沂北县委授予朝阳官庄"荣冠全区"锦旗一面;中共二区区委奖给该村"保国争光"光荣匾一块。王步荣送四儿一女上前方的事迹被登到了《大众日报》《鲁中大众》等报刊上,歌颂王步荣的秧歌小调也到处传唱。

在荣誉面前,王步荣没有止步,她又带领本村的秧歌队,到邻村进行宣传。每到一村,姑娘们一边扭一边唱:

> "母送子，妻送郎，
> 识字班送兄上战场，
> 保国家，保家乡，
> 穷人饭碗有保障。
> ……"

秧歌一停，彭大娘就现身说法。通过宣传，这些村的适龄青年主动报名参军，当时井峪村参军的青年有 28 名、牛栏村有 42 名……这些村的动参工作热火朝天地开展起来后，带动了整个区的工作，全区一次参军 360 人，当时被沂北县誉为"参军模范区"。

1945 年，王步荣获"鲁中区模范军属"光荣称号。新中国成立后，党和政府给予王步荣极大关怀，她却从不向组织伸手，保持了一个共产党员艰苦朴素的优良作风，勤恳工作，为家乡建设和教育新一代做出了贡献，赢得了人民的爱戴。

（资料来源：临沂地区妇联：《沂蒙红嫂》，黄河出版社 1990 年版。）

【思考讨论】

1. 王步荣大娘送四儿一女上前方反映了沂蒙人民群众具有怎样的觉悟？
2. 王步荣大娘的支前行为对党在沂蒙山区的革命工作起到了怎样的作用？

【案例解析】

参军对今天的青年来说也许算不了什么，但在那战火纷飞的年代，当兵就意味着打仗，就意味着牺牲。党和人民军队为人民出生入死，人民群众积极拥军参战。母送子，妻送郎，参军参战，保卫国家。在革命战争年代，沂蒙根据地的人民群众怀着对党和人民军队的无比热爱，踊跃报名参军，为增强部队的战斗力、建设强大的人民军队、夺取革命战争的胜利做出了巨大贡献。在血与火的战场上，在军民共建的实践中，沂蒙人民与人民军队建立起了浓浓的鱼水之情和密切的血肉联系，筑起了坚不可破的铁壁铜墙。

爱党爱军展现了沂蒙人民所具有的立场坚定、方向明确、追求执着的崇高政治信仰。案例中王步荣大娘送子女上前方，反映了沂蒙人民爱党爱军的崇高政治信仰。经过战争的洗礼，沂蒙人民从亲身经历中看到了党的英明伟大，形成了坚定的爱党爱军的政治觉悟，并将这种发自内心的爱转化为实际行动，积极参军参战，赴汤蹈火，在所不惜。

【教学建议】

本案例是沂蒙精神中"党群同心、水乳交融，军民情深、生死与共"内涵的生动体现。沂蒙精神是中国共产党人精神谱系中的重要组成部分，是社会主义核心价值体系的重要载体。教学中学生通过对沂蒙精神的学习与了解，可以更好地树立正确的理想信念，从而有效培育社会主义核心价值观。

本案例适用于《思想道德与法治》第三章"继承优良传统　弘扬中国精神"的辅助教学；同时适用于《中国近现代史纲要》第六章"中华民族的抗日战争"的辅助教学；还适用于《马克思主义基本原理》第三章第三节"人民群众在历史发展中的作用"的辅助教学。

"优良传统　民族精神"
思政课教学案例之六

——以"沂蒙六姐妹"的故事为例

【案例正文】

1947年5月,我军在孟良崮地区与国民党整编第七十四师激战数日,最后全歼了这支国民党"王牌"军队。在离孟良崮不到30公里的小山村烟庄,涌现出6位支前女英雄。当年她们都是十八九岁或二十刚出头的姑娘或媳妇,出身贫寒。1947年6月10日,鲁中军区机关报以"妇女支前拥军样样好"为题,报道了她们积极支援孟良崮战役的模范事迹,称她们为"沂蒙六姐妹"。她们是——张玉梅、伊廷珍、杨桂英、伊淑英、姬贞兰、公方莲。她们是革命战争年代在沂蒙人民中产生的妇女英雄群体。

"沂蒙六姐妹"这一称谓,是当年华东野战军司令员兼政治委员陈毅起的。姬贞兰第一次见到陈毅时,他骑着马,打着绑腿,姬贞兰不知道这个大官是谁,只感觉是很和蔼的一个人。后来有一天,六姐妹接到通知去蒙阴的野战军指挥部。在那里姬贞兰第二次见到陈毅。陈毅很亲切地询问她们这些日子摊了多少煎饼、做了多少鞋子、有什么困难。问完情况,就笑着说,给你们起个名字吧,叫大嫂呢,你们还有没结婚的呢,叫大姐吧,还有结了婚的,干脆就起名叫"沂蒙六姐妹"吧。从此,"沂蒙六姐妹"的名字传遍了整个沂蒙山区。

烟庄村离孟良崮不远,1947年5月初,孟良崮战役打响后,每天都有解放军从烟庄村经过赶赴前线。部队进村,需要安排食宿、筹备军粮、护理伤员。当时只有150多户人家的烟庄村,成年男子都随解放军上了前线,连六七十岁的老汉也拄着拐棍给部队带路去了,家里只剩下妇女和孩子,于是这山村便成了"女人国"。

当时村里留下主持工作的指导员,因有腿疾,行走不便,而且,乡亲们为了躲避敌机轰炸,都疏散到了山沟沟里了,下个通知,要跑几座山,工作根本无法完成。六姐妹看在眼里,急在心里,毅然挑起了拥军支前的重担。她们几个合计了一下,决定分工合作,张玉梅当村长,伊廷珍当副村长,其他人分别担任文书、财粮员等职务,共同挑起了领导全村的重任。在半个月的时间里,为保证解放军战马吃饱喝足上战场,她们扛着杆秤,拿着账本,挨家挨户收集谷草,送到部队驻地。为保证解放军有饭吃,她们五更起半夜睡,有时通宵不休息,常常一天只吃一顿饭。她们靠妇女和儿童把5 000多斤粮食从野店镇运到村里,然后完成了把这5 000多斤粮食烙成煎饼的任务。

5月15日,天还没亮,村里就开进一队解放军,接着,担架队、伤员也纷纷到来。前线下来的担架队将伤员送到烟庄,六姐妹立即发动全村妇女从山里搬回锅碗瓢盆为伤员烧水、做饭、包扎、护理、精心照料。正当她们为伤员包扎伤口、给战士们发慰劳品时,区上又连续下发了3份紧急通知,下达了3批军鞋任务,总计245双,要求5天完成。烟庄村妇女们毫无怨言,又默默地拿起了针线。眼明心细的姬贞兰做得一手好针线活。她忙活了一整天,帮着姐妹们打鞋壳、弄鞋帮、纺线捻绳。夜深了,她又坐在昏暗的油灯下纳鞋底。一只鞋底至少要纳120行,一行要扎30多针,每针要经过锥眼、穿针、走线、拉紧等多道工序。针针线线都寄托着姐妹们的无限深情,沂蒙山人的心都纳进这鞋底里了!纳好了鞋底,要纳鞋帮,姬贞兰犯了难。鞋面布不够了,她翻了针线筐,找了橱子柜,旮旮旯旯翻遍了,就是没有找到合适的布料。她想了想,便把自己的衣服大襟撕下来做了鞋面布。这时,姬贞兰又想起了村里最穷的杨化彩。杨化彩家里只有她和刚满4岁的儿子,生活艰难。今天到她家分派做军鞋任务时,虽然杨化彩没有吱声,但看她紧缩的眉头和那空徒四壁的破房子,怎么能不作难呢?于是,姬贞兰就拿起剩下的一块衣襟直奔杨家。杨家的灯亮着,她悄悄地扒着窗棂向里一看,只见杨化彩也正用牙咬着撕自己的衣服大襟,姬贞兰知道杨化彩没有替换的裤子,心头一热,推门进屋,热泪止不住地流,她赶紧制止了杨化彩,把自己的大襟布给她做鞋面布。第二天下午凑鞋时,杨化彩第一个交出来4双军鞋,她的儿子抱着军鞋,穿着盖不过肚脐的小褂,依偎在妈妈的身旁,许久不愿把鞋放下。村里的人谁不知道,这孩子长这么大,还没穿过一双鞋哩!为了解放军有鞋穿,她们带领妇女在两天内做了78双军鞋,保质保量地完成了任务。

在战役打得最激烈的时候,六姐妹又接到往前线运送弹药的任务。她们商量了一下,认为这是较危险的任务,必须由自己承担。她们没有挨户动员,而是以她们六人为主,联络了几个骨干,组成运输队,上了前线。150斤重的弹药箱,她们两人抬一个,翻越20多里的崎岖山路,一直送到前沿炮兵阵地。炮兵战士们看着这支妇女运输队一趟又一趟地给他们运弹药,无不感动地落泪。她们却说:"听着俺们运的弹药在敌人的头上轰隆隆地响,心里比什么都自在。"

完成了运弹药的任务,她们一回到村里,只见一片忙乱的景象。我军驻烟庄一带的部队要转移,敌军很快要占据这一带。向北转移的群众扶老携幼,络绎不绝。部队首长找到她们,通知她们赶快转移,并委托她们找8套便衣。六姐妹迅速借来衣服、帽子等,帮助战士化装。可是化了装的侦查员出发不久,便被敌人发现,有一名同志负伤。六姐妹不顾个人安危,绑好担架,速送伤员回村。伤员劝她们快走。张玉梅安慰说:"部队还没有全部离开,我们还有事呢!"直到接伤员的同志到来,她们才离开村子。她们还没走出村子,敌人已经占领了南山。一颗炮弹打来,把杨桂英4岁的孩子震聋了耳朵。她们为了革命事业甘愿付出的不仅仅是劳累和汗水,还有鲜血和生命。

据不完全统计,在孟良崮战役期间,她们带领全村为部队烙煎饼15万斤,筹集军马草料3万斤,洗军衣8 000多件,做军鞋500多双,捐赠鸡蛋450多个,运柴火1 700多斤,缝补了不计其数的裤、褂。稍微有点空儿,她们就赶紧在村子或前线搞宣传,鼓舞士气。沂蒙六姐妹为战役的胜利做出了突出贡献。

正是由于沂蒙女性坚韧、顽强地在后方没日没夜地操劳和支援前线,子弟兵于孟良崮一举歼灭了号称"五大主力之首"的国民党精锐部队整编第七十四师,扭转了整个华东战局。

新中国成立后,"沂蒙六姐妹"依然心系国家大事,十分关注国防建设。六姐妹把对子弟兵的深情厚谊,化作新时期爱党爱军的实际行动,积极投入新时期双拥共建活动。1996年9月,杨桂英的外孙郑伟高中毕业回到村后,从小就听着外婆讲革命故事长大的他,在杨桂英带领下第一个在镇上报名参军,并顺利地通过了体检、政审。新兵走那天,杨桂英亲自将外孙送上了汽车。

1998年冬季征兵时节,蒙阴县人武部院内出现了一幕感人的场面——伊廷珍风尘仆仆地领着两个孙子从烟庄村赶来报名应征。伊廷珍家可谓是"军人之家",三代人相继参军报国。昔日,她坚决支持丈夫去当兵,后来又把儿子送往部队;今儿个又把两个孙子交给了军队。她是这样说的:"俺家是老革命,过去我送丈夫和儿子当兵,今天又把两个孙子送来了,只要他们在部队好好干,俺就心满意足了。"

每逢"八一"等节日,在县人武部、驻蒙阴武警中队,总能看到六姐妹和官兵共度节日的动人情景,姐妹们把精心缝制的鞋垫送到战士们手中,眼中充满了关爱。六姐妹先后去北京天安门看望国旗护卫队、赴上海慰问南京路上好八连,为拥军谱写了新篇章,在社会主义新时期继续为党、为国家做出新的贡献。

情系灾区,奉献爱心,"沂蒙六姐妹"的慈善之心在军地双方赢得了妇孺皆知的好口碑。1998年8月,长江流域特大洪灾牵动着"沂蒙六姐妹"的心,她们在生活并不宽裕的情况下,每人向灾区捐款500元,并绣制了几十双鞋垫,连同一封慰问信寄往抗洪第一线。"沂蒙六姐妹"对东北嫩江流域的灾情更是牵肠挂肚,当她们得知受灾群众急需御寒衣被的消息后,马上和捐赠办公室联系,把刚刚套好的新棉被捐献了出来。2008年"5·12"地震发生后,"沂蒙六姐妹"自行开展了"交纳特殊党费,捐献一颗爱心"的活动,每人捐款600元。当她们从电视上看见子弟兵在一线不怕流血牺牲,冒着生命危险参与抗震救灾的情景时,心疼得直掉眼泪,就发动儿媳、孙女和全村妇女经过十几个昼夜加工,赶制了500双"千层底"寄给了抗震救灾一线的子弟兵,让子弟兵穿上新鞋,在地震灾区再立新功。

"沂蒙六姐妹"70多年拥军报国的先进事迹,激励着全县人民。在她们的带动和影响下,蒙阴县拥军优属活动广泛深入地开展。继1996年荣获"全国拥军优属模范县"之后,又连续6年被山东省人民政府、山东省军区评为"全省双拥模范县"。中央军委原副主席、国防部原部长迟浩田曾高度评价"沂蒙六姐妹"在革命战争年代和社会主义建设中做出的突出贡献,为她们挥毫题词——"沂蒙六姐妹,拥军情永不忘"。

如今,六姐妹的事迹已镌刻进了莱芜革命纪念塔和孟良崮战役纪念馆的花岗岩碑文里。沂蒙六姐妹纪念馆也在她们的家乡建成,建筑面积5 000多平方米,馆名由迟浩田题写。该馆主要展示以"沂蒙六姐妹"为代表的沂蒙妇女在中国共产党领导下拥军支前、无私奉献的革命历史,旨在铭记革命历史,缅怀革命先辈,培养爱国主义情感,增强民族凝聚力,激励人们为全面建设小康社会和实现中华民族的伟大复兴而努力奋斗。

2007年,在中国人民解放军建军80周年之际,她们又被评为"全国十大爱国拥军新闻人物"和"十佳兵妈妈"等荣誉称号。电影《沂蒙六姐妹》和电视剧《沂蒙》播出后,"沂蒙六姐妹"的事迹在全省、全国引起了强烈反响。

"沂蒙六姐妹"作为一个蕴含大爱、大义、奉献精神的闪亮红色文化品牌,永远激励着我们为国家、民族挥洒青春与汗水。

(资料来源:临沂地区妇联:《沂蒙红嫂》,黄河出版社1990年版。)

【思考讨论】

1. "沂蒙六姐妹"身上体现了哪些精神？
2. 新时期大学生应该如何学习和弘扬"沂蒙六姐妹"的这些精神？

【案例解析】

"沂蒙六姐妹"是一个拥军支前的优秀群体，她们身上体现出了无私奉献的突出特征，反映了沂蒙人民爱党爱军、永远跟党走的坚定政治立场，沂蒙精神最本质的特点就在于广泛的群众性。"广泛的群众性是指人民群众是创造和传承沂蒙精神的主体，沂蒙精神是沂蒙人民在继承发展了中华民族优秀传统文化的基础上，在革命和建设过程中形成的一种群体思想观念、道德意识和精神风貌，是人民群众创造历史的生动体现。"[①]"沂蒙六姐妹"作为一个蕴含大爱、大义、奉献精神的闪亮红色文化品牌，永远激励着我们为国家、民族挥洒青春与汗水。

人民群众是党的执政之基、力量之源，我们党历来十分重视群众工作，始终注意发动、鼓舞、相信和依靠群众。当前我们应当把群众的呼声作为第一信号，把群众的需求作为第一选择，把群众的满意作为第一标准，充满激情为群众做好事，全力以赴为群众解难事，竭尽全力为群众办实事。

【教学建议】

在教学中，应让学生了解并掌握党的群众路线教育实践活动的基本内容，在思想深处确立人民群众的主体地位。

本案例适用于《马克思主义基本原理》第三章第三节"人民群众在历史发展中的作用"的辅助教学；同时适用于《思想道德和法治》第三章"继承优良传统 弘扬中国精神"的辅助教学；还适用于《中国近现代史纲要》第七章第一节"从争取和平民主到击退国民党的军事进攻"的辅助教学。

---

① 徐东升、费聿辉：《沂蒙精神与社会主义核心价值体系研究》，中央文献出版社2012年版，第59—60页。

"优良传统 民族精神"
思政课教学案例之七
——以"陈毅担架队"的故事为例

【案例正文】

　　解放战争开始时,山东就组织起各种各样的支前民工队伍,有小车队、担架队、挑工营等,随军执行战勤任务。在这众多的支前队伍中,有一支来自平邑一区的担架队,转战南北,冒着枪林弹雨,舍生忘死救护伤员,多次立功受奖,获得了"陈毅担架队"的光荣称号,它就是平邑一区担架队。

　　平邑一区担架队共有3个中队、9个分队、354名民工,68副担架。一副担架5个人,有一个民兵担任警卫,负责照顾伤员。然后3副担架编为一个班,3个班编为一个分队,3个分队编为一个中队。这个担架队先后参加了伏山口战斗、泥沟战斗、宿北战役、鲁南战役、莱芜战役等,胜利地完成了支前救护任务,受到上级多次通令嘉奖。第二中队队长高启文等是"陈毅担架队"的优秀代表。在伏山口、泥沟等战场上以他为首组成了"勇敢抢救小组",跟随新四军七团,冒着敌人的猛烈炮火,抢救了很多伤员。

　　在担架队里,很多队员宁愿牺牲自己,也要抢救伤员;宁愿自己饿肚子,也要省下粮食给伤员吃。宿北战役时,队员冯光成头部受伤,仍然坚持抢救伤员,三天三夜没下火线;队员刘相春在8架敌机扫射中冲向战场,背着伤员一口气跑了8里路。部队战略转移,担架队紧跟部队北上。在路过家乡平邑镇时,全队没有一个人请假回家,迅速通过。在担架队里,还有许多队员用自己的饭碗、帽子甚至是双手为伤员接大小便。队员们不仅像照顾亲人一样照顾伤员,有的时候他们还要冒着生命危险去救护伤员。山东军区曾经高度评价平邑一区担架队,平邑一区担架队是真正的模范,表现了解放区人民斗争的力量和英勇精神,不管怎样艰苦,始终不动摇,照顾伤员好像照顾自己亲人一样。

　　由于表现出色,在战役结束后的总评大会上,平邑一区担架队荣获"陈毅担架队"的光荣称号。据统计,平邑一区担架队在抢救伤员过程中,共有49名队员献出了宝贵的生命。

在"陈毅担架队"中有一位出色的担架英雄——高启文。高启文出生于平邑镇高泉庄一个贫苦农民家庭,自幼逃荒要饭,18岁开始给地主扛活。当地解放后,高启文分得部分土地,逐渐过上了温饱生活,对党怀有深厚的感情。在村内,他先当了民兵,后任调解委员,积极参加各项工作,1946年8月加入中国共产党。在战争年代,他所在的平邑一区担架队紧随我大军南征北战。在伏山口、泥沟战斗中,他带领的二中队担任这个战场转运伤员的任务,在两天两夜时间里转运伤员4次,行程500余里。当年《大众日报》有过对他事迹的报道。报道中说,高启文在抬伤员的过程中,伤员要大小便,高启文就用自己的喝水缸子、席帽子给伤员接大小便,并把自己的被子给伤员盖,还用自己节余下的钱给伤员买一些营养品,他还提出了"先伤员、后自己"的战斗口号。在他的带动下,中队涌现出好多待伤病员亲如兄弟的支前模范。

解放战争中,高启文长年参加担架队、运输队,抢救伤员,运输物资,转战南北,屡立战功。1946年9月,为支援鲁南战役,平邑一区担架大队开赴前线,高启文任第二中队长。他以身作则,勇于吃苦,不怕牺牲,处处起模范带头作用。

同年10月,担架队奔赴伏山口战斗前线,担负抢救伤员的任务。他带领4名队员携1副担架来到前沿阵地石棚下。这时,他发现前方不远处一名战士中弹倒下了,敌人正用机枪向伤员扫射。高启文对伙伴说:"我们绝不能叫伤员再受第二次伤;你们做好接力准备,我去把伤员抢下来。"当他冲到伤员附近时,敌人加强了火力封锁,"咕咕"叫的重机枪子弹从他头顶掠过,帽子被子弹击穿,随风吹走,但他毫不畏惧,继续前进。突然,一颗炮弹在他身边爆炸,崩起的石块砸破了他的额头,顿时血流满面,手也被划破了。他忍着剧烈的疼痛,终于爬到伤员身边,用右胳膊肘撑着地,左胳膊夹抱着伤员,爬进瓜棚隐蔽起来。他急速给伤员包扎后,又背起伤员向安全地带转移,一边背着走还一边问伤员:"同志,这样背你合适吗?"那伤员感动得流着眼泪说:"好!好!"伤员吃力地从裤袋里掏出带血的手为高启文擦拭脸上的汗,以表达感激之情。高启文抬的伤员,身体多处受伤,活动困难,他就帮助伤员翻身,并用自己的茶缸、饭碗给伤员接大小便。每当休息时,他亲自给伤员喂水、喂饭,还用自己的菜金给伤员买鸡蛋、油条、花生等食物。在向后方转运时,他带领中队两天两夜往返500多里完成了任务。

1947年2月,他带领48名队员抬着9副担架,参加莱芜战役,历时38天,抢救伤员 39 人。有一次,担架队行进到一个村庄的场园处,场园上有 3 垛干草,停放着 9 辆装满炮弹的小车。担任"瞭望哨"职责的林传德同志突然发现 3 架敌机飞来。他急忙发出防空信号,队员们就地疏散隐蔽。敌机疯狂扫射,掷下两枚炸弹。场园里的草垛立即升腾起黑烟,燃起大火,眼看就要烧到装满炮弹的小车,十分危险。高启文不顾个人安危,跳出隐蔽地,招呼其他队员迅速把载满炮弹的 9 辆小车全部运到安全地带。在这次保护弹药的行动中,有 6 名队员壮烈牺牲,4 名队员身受重伤。战后,该担架中队获奖旗 1 面,他被评为一等担架模范。

此后,高启文又参加了泰安战役、孟良崮战役、济宁战斗、沙土集战斗,荣立一等功,1948 年 1 月总评时,被华东军区授予"华东支前担架英雄"的光荣称号。同年 9 月,他任担架连长,参加济南战役,转运伤员和战利品,历时 36 天,战后被评为一等模范。11 月,随平邑一区担架营参加淮海战役,任运输连指导员,战后被评为一等运输模范。在高启文的带动影响下,平邑一区担架队功绩卓著,多次受到部队首长的高度赞扬。

1950 年,高启文作为英模代表到北京参加了国庆观礼。同年 3 月至 1954 年 7 月,任平邑县各界代表大会常务委员会副主席。1953 年起,先后任副区长、公社副主任等职,1972 年 7 月因病逝世。

战争年代沂蒙老区人民支前举世闻名,但由于当时物质和技术条件的限制,那个年代拍摄的照片能保存下来的很少,影视纪录片基本是空白。幸运的是在当年苏联摄影队专程来中国拍摄渡江战役时的电影胶片资料里,高启文成为沂蒙支前有活动影像纪录的人。在苏联纪录片中,"陈毅担架队"第二中队队长高启文在庆功大会上,双手接过"英雄榜样"的锦旗,脸上洋溢着质朴的笑容。"陈毅担架队"的事迹远播海外,这一珍贵的影像资料成为沂蒙精神的又一历史见证。

(资料来源:临沂市委《沂蒙颂歌》编委会:《沂蒙英烈颂》,军事谊文出版社 2005 年版。)

【思考讨论】

1. "陈毅担架队"队员身上体现出了沂蒙老区人民怎样的精神?
2. 当代大学生如何学习高启文的奉献精神?

【案例解析】

沂蒙精神的创造主体是人民群众,沂蒙精神是沂蒙老区人民道德意志、价值取向和精神风貌的集中体现。支持、拥护革命的沂蒙人民构成了战争中的铜墙铁壁,如果离开了人民群众的积极参与、大力支持,沂蒙精神就成了无源之水、无本之木。以高启文为代表的"陈毅担架队"跟随部队南征北战,抬担架、救伤员,运送军需物资,就是革命战争时期沂蒙人民奋勇支前、支援革命的优秀群体之一。

当前弘扬沂蒙精神,就要坚持人民在中国特色社会主义发展过程中的主体地位,坚持党的群众路线,在实践中与人民群众一起改造、重塑、升华党性原则与民族文化品格,始终从人民群众的根本利益出发来想问题、办事情,关注人民群众疾苦、提高人民群众生活质量,从而促进人的全面发展、社会的和谐发展。

【教学建议】

在教学活动中,应让学生充分了解和认识人民群众在历史创造中的地位和作用。

本案例适用于《马克思主义基本原理》第三章第三节"人民群众在历史发展中的作用"的辅助教学;同时适用于《思想道德与法治》第三章"继承优良传统 弘扬中国精神"的辅助教学;还适用于《中国近现代史纲要》第七章第一节"从争取和平民主到击退国民党的军事进攻"的辅助教学。

"优良传统　民族精神"
思政课教学案例之八

——以李自兰的故事为例

【案例正文】

提起妇救会会长李自兰,在费县一带,可谓家喻户晓、妇孺皆知。淮海战役期间,流传着这样一段顺口溜:"沾化庄,不简单,支前拥军是模范。妇救会来儿童团,美名响遍蒙山前。模范村里夸模范,先进事迹道不完。说英雄、唱模范,模范村的妇救会会长叫李自兰……"

李自兰1903年生于费县南部山区沾化庄一个贫苦农民家庭,从小跟父母逃荒要饭,受尽了苦难。1943年,她的家乡解放后,在党的教育下她积极参加革命工作,1944年她光荣地加入了中国共产党,并担任了村妇救会会长,不久又当了村长。抗战时期,她发动全村的妇女积极分子,组织起纺织合作社,仅半年时间就织土布4 000多丈。1945年春,她领导的纺织合作社手工做军鞋1 000双,运往抗日根据地支援前线。

为支援八路军大反攻,李自兰还组织群众,积极参加战场救护。一次在沾化庄附近,我鲁南军区三团与日寇激战。李自兰主动把青壮年送上火线抬担架,然后组织妇女为伤员擦伤口、洗血衣,烧水做饭。转移后方的伤员路过沾化庄,有的伤员因流血过多,生命垂危,这可急坏了李自兰。她迅速吩咐妇救会会员发动群众为伤员做饭,并挨家挨户凑了300个鸡蛋,烧成蛋汤,一勺一勺喂给重伤员,还细心地为伤员擦洗伤口。直到把最后一名伤员送到鲁南军区医院,一天没吃饭的李自兰才松了一口气。这时,她感到脚疼得不敢沾地,扒下鞋一看,才发现裹了30多年的小脚磨破了,几层裹脚布都被鲜血染透了。

抗日战争胜利后,根据地人民为保卫胜利果实,反对国民党军队对我解放区的进犯,提出"自己大门自己看,自己的队伍自己干"的口号,掀起了参军参战的高潮。李自兰以身作则,积极带头,首先送自己年仅16岁的独生儿子参了军。

李自兰的行动是无声的动员,全村青壮年踊跃参军,出现了许多母送子、妻送郎上战场的动人场面。第二年,李自兰等又动员了两批共37名青壮年参军,至此,全村符合条件的青壮年全部报名参了军。为此,该村被授予"拥军模范村"称号。李自兰被授予"拥军模范"称号。

淮海战役打响后,李自兰积极响应上级号召,动员群众支援前线。当时全村16岁以上的男劳力,全部参加了担架队、运输队并上了前线。村里的生产、支前等工作全部由妇女们承担。李自兰与两名妇救会会员一起挑起了全村的重担。在两个多月的淮海战役中,她们共接受了10多次较重大的支前任务:纺线、织布、做鞋、磨面粉、碾米、烙煎饼。她们熬红了眼睛,喊哑了嗓子,除完成自己承担的一份任务外,还要挨家挨户地去动员。在支前最繁忙的时刻,李自兰曾九天九夜没睡上一个囫囵觉,饿了啃口干煎饼,困了打个盹又接着干。就这样,她每次都出色地完成了支前任务。

1948年11月20日,纷纷扬扬的大雪下了一整夜。早晨,李自兰刚吃过饭,区里送来了紧急通知,分给沾化庄凑齐8 000斤谷子碾米烙煎饼并于第二天送流井的任务,还要求立即去马庄运谷子。沾化庄到马庄足有6里山路,又大雪封山,全村连躺在床上的病人和婴儿算上也只有362人,要用一天一夜的时间把8 000斤谷子从马庄运来,然后碾成米,烙成煎饼,再送到40里外的流井,谈何容易啊!李自兰找来村干部布置任务,分头组织群众,靠全村老弱妇孺,经过4个小时的奋战,把8 000斤谷子全部运回村里。

这天直到黄昏,雪还是不停地下,北风一个劲地刮。若是平时,外边连鸡、鸭、狗、鹅都见不到,但这天在风雪弥漫中的沾化庄,却是一片热气腾腾的繁忙景象。米出来了,她们就泡米、磨糊、烙煎饼。她们克服了常人难以想象的困难,终于把煎饼烙好并足量送到指定地点,圆满完成了任务。

三天后的一个中午,区政府又紧急通知李自兰"按150个整劳力,每人推40斤麦的面,共6 000斤小麦,明早把面粉送到薛南庄"。她二话没说,立即组织把小麦运回,分送各家。她自己则承担下3个人的任务,共要推120斤。第二天一早,她先把自己磨出的面送来,再把各家面粉逐一过秤,检查验收,全部达到标准后,立即送到35里外的薛南庄,保质保量完成了任务。

从淮海战役开始到结束,沾化庄的油灯经常从天黑亮到天明。除突击完成磨面、轧米、烙煎饼等紧急任务外,李自兰还为前方战士做军鞋、缝制慰问品。油灯下,家家忙着搓麻绳、纳鞋底,户户飞针走线做鞋袜,她们共做军鞋1 000双,每名妇女还做了 60 个精美的烟荷包,上面绣着"打倒老蒋""保卫和平""解放全中国"等字样。另外,每人还做了茶缸套 70 个、钢笔套 120 个,而李自兰总比别人多出 1 倍。

淮海战役结束,沾化庄被淮海战役支前指挥部授予"淮海战役后方支前模范村",并两次获得上级奖励的"拥军红旗"。1960 年,淮海战役纪念馆建成后,她们当年淘米用的笊篱、烙煎饼用的尺板子等,作为革命文物在纪念馆显要位置展出。

抗美援朝时期间,全国各地掀起慰问"最可爱的人"的热潮。李自兰从县上开会回去后,连夜细针密线,精心制作了一套茶缸垫和钢笔套,让大家比着样品模仿着做。几天下来,就做了 300 多个,小小的礼物送去老区人民的一片心意。李自兰听说赴朝的沂蒙指战员想吃家乡的芸豆干,当时季节已过,补种已经来不及了,她千方百计筹集,和全村人一起,把原本预备自家吃的省下来收好、煮好、晒干,给亲人们寄去 400 多斤。李自兰老人以及她创造的"双拥模范村"事迹将永远载入沂蒙山区妇女运动的光辉史册。

(资料来源:临沂地区妇联:《沂蒙红嫂》,黄河出版社 1990 年版。)

【思考讨论】

1. 李自兰爱党拥军的动因是什么?
2. 李自兰的行为对当代大学生树立正确的理想信念具有怎样的指导作用?

【案例解析】

中国共产党扎根在劳苦大众的泥土里,紧紧依靠广大工农群众,为广大人民群众谋利益、求发展!长期处于"三座大山"压迫下的沂蒙人民,接触到中国共产党的先进理论和纲领路线,激发了巨大的革命热情,成为推动革命胜利的强大力量,人民群众认同党的理论,坚定地跟党走,从而为夺取中国革命的彻底胜利、建立新中国奠定了坚实的群众基础。

沂蒙红嫂是千千万万沂蒙山区妇女爱党爱军、无私奉献的群体形象。在战争年代,她们在中国共产党领导下,或投身革命队伍参加对敌作战,或奋战在支前一线,为战争胜利做出了不可磨灭的贡献。以李自兰为代表的沂蒙红嫂在支前工作中烙煎饼、做军鞋、做军衣、照顾伤员,将"水乳交融、生死与共"的沂蒙精神发挥得淋漓尽致。

【教学建议】

教学中要让学生了解革命战争时期党群关系密不可分、沂蒙人民为革命倾情奉献的事迹以及原因,要求大学生更加牢固地树立爱国意识、责任意识、无私奉献意识,弘扬并践行沂蒙精神,以老一辈的吃苦奉献精神为榜样,激发自己的学习热情。

本案例适用于《思想道德和法治》第三章"继承优良传统　弘扬中国精神"的辅助教学;同时适用于《马克思主义基本原理》第三章第三节"人民群众在历史发展中的作用"的辅助教学;还适用于《中国近现代史纲要》第七章第一节"从争取和平民主到击退国民党的军事进攻"的辅助教学。

"优良传统　民族精神"
思政课教学案例之九

——以梁怀玉的故事为例

【案例正文】

莒南县洙边村梁怀玉与报名参军青年结婚的事迹,至今还在沂蒙地区广为流传。洙边村原本是个偏僻的穷山村,梁家育有一女一子,拥有3间破草房,几亩山岭薄地,靠打短工帮衬,一家人勉强可以糊口度日,是一个典型的沂蒙山贫苦农民家庭。可是,自从来了共产党、八路军,梁怀玉就远近出了名,梁家的生活也发生了翻天覆地的变化。

当时,八路军发动群众开展抗日活动,在洙边村组织了青年妇女识字班、少年儿童庄户学校,以及秧歌队和农村剧团等。梁怀玉是十里八乡大有名气的俊俏姑娘,是洙边四乡有名的"花魁娘子"。梁怀玉16岁那年演反映夫妻生产的小戏《买驴》,在全乡大汇演中,做戏好,身段美,轰动了全乡。人们都说洙边村出了个"金凤凰"。梁怀玉听在耳里,喜在心里。她想,我一个穷孩子,这份光荣还不是共产党给的?因此,她积极参加抗日工作。1944年,19岁的梁怀玉当了识字班队长、村团支部委员。

1944年春节刚过,洙边乡的动员参军工作就开始了。村党支部召集会议,要求青年民兵积极报名,识字班和妇救会配合运动上门动员。由于连年动员参军,村里符合条件的青年基本都已经参军上前线了,而且不断有牺牲的烈士通知传回村中,给动员参军工作造成一定的难度。作为识字班队长,梁怀玉认为要起到模范带头作用,但看到自己的父亲年迈,弟弟又小,没有其他亲人可以动员,她十分着急。经过反复考虑,她最后决定:为了抗日,贡献自己的爱情和婚姻。

在参军动员大会上,党支部书记动员讲话之后,梁怀玉第一个上台发言,她说:"青年们要响应党的号召,只有消灭了敌人,解放全中国,咱穷苦人才能过上好日子。当兵就不要顾虑家,咱们民主政府组织了帮工队,帮着军属种地,俺识字班今后一定照顾好军属。当兵上前线，也不要担心找不到对象，俺们识字班找对象就要找个当兵的，谁当兵谁光荣，谁第一个报名参军俺就嫁给谁！"在她的鼓动和带领下，识字班的 3 名女青年又在会上表了态。于是，许多青年争相报名。第一个报名参军的是村东头的刘玉明，在他的带动下，全村 11 个青年都报了名，工作进展得很顺利。

会后，刘玉明就找到村长刘元村，老实巴交的刘玉明，憋了很久，说："村长，俺是第一个报名的吧，村长做主，给俺提提这门亲吧。"话说得不多，却很有分量。党支部为了使报名的人思想不动摇，派副村长刘少举找梁怀玉谈婚事。

说出去的话，泼出去的水。可是，真要嫁给刘玉明，她的思想斗争还是很激烈的。当时，已是远近闻名的"明星"梁怀玉，长相在村里也几乎是最好的。刘玉明个子矮小，家里 4 口人，父亲双目失明，母亲患气管炎、痨病，常年卧床，还有一个 15 岁的小妹，家里穷得叮当响，实在不相配，梁怀玉的父亲说啥也不愿让她嫁到刘家。

梁怀玉想起了她演的《王宝山参军》，戏里的她深明大义，生活中的自己就糊涂了吗？做人就要表里如一，党是咱的救命恩人，为了党的工作，个人怎么都行。她下了决心跟着刘玉明，又做通了父亲的工作，很快把婚事定了下来。村里人知道后，议论纷纷，都说那样的识字班队长跟着他，真是太可惜了。说归说，事归事，乡亲们还是很佩服她的，说：一个闺女，说到做到，真是好样的。正月十五那天，梁怀玉亲手给刘玉明戴上大红花，领着识字班扭着秧歌、唱着送郎参军的小调，一直把 12 名新战士送到驻地。全区的欢送大会在张家莲子坡召开，新兵在这里集结，全区的秧歌队在这里汇合，人们传颂着这个自愿嫁给新兵的梁怀玉。她又一次成了轰动全区的英雄人物。为了让刘玉明能在部队安心打仗，她就和刘玉明在区中队集训期间完了婚。结婚 12 天，刘玉明就随部队走了。

从此，刘家的担子落到了梁怀玉的肩上。公公吃饭，需要她递到手里；婆婆治病，需要她去抓药煎汤。她进了门就给公公卷煎饼，一卷就是几十年，直到公公去世。婆婆的病情本来正在恶化，自从她进了门，病情渐渐有了好转，身体一天天硬朗起来。婆婆活到 84 岁，全是她照料得好的缘故。地里的活由变工队带干，场上的收晒打藏，家里的推碾缝补，全是她的。后来，国民党反动派到处抓共产党军属和干部，一家人不能在家里住，她领着公公、扶着婆婆，和小姑子一起，东躲西藏，流离失所，苦不堪言。敌人闯进她家，抓不到人，就在她家的屋墙上写上："梁怀玉，你丈夫当共军，在哪里？"以此威吓她。敌人的威吓，她不害怕。她除了干好家务活,还坚持参加革命活动。她一直担任识字班队长,村里的支前工作,如推米磨面、烙煎饼、做军鞋、送慰劳品,她样样都跑在前面。

1947年,国民党反动派重点进攻山东时,形势很紧张,她带领20多个识字班队员秘密挖窖子,藏军粮,受到领导的表扬,她的事迹还上了当时的《滨海日报》。一天夜里,她们村接到上级命令,要她们紧急出动人力到王庄去抢运粮食。王庄离敌人据点板泉很近,路上还要穿越敌占区,很危险,她毫不犹豫地带领100多个识字班队员和民兵队一起运粮食。敌人的炮楼上点着火把,敌人哨兵的身影在光焰中晃动,她们小心谨慎,不出声响,从敌人的鼻子底下疾行上百里路,在天亮前把粮食运了回来,交给了部队。

有一次,解放军的流动医院进驻洙边村,家家住满了伤病员,住在梁怀玉家的是一个腿部受伤的排长。她就把家里唯一的一盘炕让给这位排长和他的通信员住。公公睡锅屋,她和婆婆、小姑子挤在过道里。这位排长非常感激,几次要求让出炕。梁怀玉说:"同志,俺家也是军属,我是党员,咱们不是外人,你就不要客气了。你为咱们穷人受了伤,住炕还不应该吗?"

她和家人在艰难的生活和险恶的环境中煎熬着,终于盼来了解放。1948年12月,徐州解放后,刘玉明第一次从部队驻地徐州往家里写了一封信。梁怀玉接信后步行上百里路走到牛山火车站,坐车来到徐州。可是,部队却又出发上前线了,她空跑了一趟,没有见到丈夫。第二年,她又只身去找,还没有找到。1950年春,她第三次到徐州寻夫,终于找到刘玉明,当时刘玉明已是坦克部队的一名连长。夫妻俩在徐州照了一张合影,这张姗姗来迟的合影记录着他们新婚似的憧憬和喜乐。

1955年,刘玉明转业到临朐县公安部门工作,直到1980年离休回乡,他和梁怀玉才真正生活在一起。梁怀玉爱党爱军,几十年如一日。1992年3月,她被山东省妇联、省民政厅、省军区政治部评为"山东红嫂",并授予省"三八红旗手"荣誉称号。

(资料来源:临沂地区妇联:《沂蒙红嫂》,黄河出版社1990年版。)

【思考讨论】

1. 梁怀玉是如何爱党拥军支前的?
2. 梁怀玉的爱情观给当代大学生哪些启示?

【案例解析】

长期生活在旧社会的沂蒙妇女饱受压迫,在中国共产党的领导下,像梁怀玉这样的年轻女性加入了识字班、庄户学等文化教育组织。在识字班中,老百姓学到了文化知识,学习接受了革命真理,了解了共产党的政策,明白了沂蒙根据地人民坚持抗战的意义,明白了中国必然战胜日本侵略者的道理。提高了觉悟的沂蒙妇女义无反顾地投入伟大的革命战争,并迸发出了无穷的革命力量。

梁怀玉将爱情献给革命军人,义无反顾地支援革命事业,这样一群伟大的女性用青春、热血和生命谱写了令人赞叹的革命英雄主义赞歌,并把"水乳交融、生死与共"的沂蒙精神发挥到了极致。

【教学建议】

教学中让学生了解革命战争年代沂蒙妇女爱党拥军的表现及其原因,从而明白革命的胜利与人民群众的支持是密不可分的。

本案例适用于《思想道德和法治》第三章"继承优良传统　弘扬中国精神"和第五章第三节"投身崇德向善的道德实践"的辅助教学。

"优良传统 民族精神"
思政课教学案例之十

——以《跟着共产党走》的诞生为例

【案例正文】

《跟着共产党走》这首歌曲是由沙洪作词、王久鸣作曲,至今依然广为流传的一首经典老歌。其歌词是:

> 你是灯塔,
> 照耀着黎明前的海洋;
> 你是舵手,
> 掌握着航行的方向。
> 伟大的中国共产党,
> 你就是核心,
> 你就是方向。
> 我们永远跟着你走,
> 人类一定解放!
> 我们永远跟着你走,
> 人类一定解放!

1940年6月,沂蒙抗日根据地的发展壮大进入鼎盛时期。为迎接建党19周年,受中共中央山东分局的委托,驻东高庄的抗大一分校创作了《跟着共产党走》一歌,作者沙洪和王久鸣以饱满的抗战热情和跟着共产党走的坚定信念,在东高庄创作了这首革命经典歌曲。这首歌曲表达了沂蒙根据地抗日军民的心声和信念。7月1日,此歌在当地开始传唱,之后便唱遍全国各地,许多进步青年唱着这首歌走向抗日战场。

1940年是山东抗日根据地最艰苦的岁月,抗大一分校在校长周纯全、政委李培南的率领下从晋东南转战到沂蒙山区,这年七一学校要举行党代会开幕式,筹备期间,校政治部请校文工团创作一首新歌,向党的生日和党代会献礼。据当时亲历此事的于冠西同志回忆:当时已是6月下旬,任务布置到文工团时,主任袁成隆找到支部书记史屏和副主任王久鸣商议,一致认为,时间虽紧,任务必须又快又好地完成。王久鸣是作曲家,他爽快地说:"如果有人在10分钟内能写出歌词,那么我10分钟也能把它谱成歌曲。"于是宣传科科长安征夫和史屏就一起找到了宣传干事、诗人沙虹(后改为沙洪),沙洪痛快地说:"这没问题,他能在10分钟内谱成曲,我也一定能在10分钟内作完词。"

于冠西还清晰地记着当时的情景:说完,沙洪就在树阴里席地而坐,掏出纸笔,稍一思索,立刻在膝盖上写了起来。10分钟后,歌词果然写好了,立刻由史屏交给了王久鸣。久鸣一看,非常喜欢,就一句一句地边看边哼唱起来,一直哼唱到自己满意以后,就用简谱记下了曲谱。谱完一看时间,也正好是10分钟。

"随后,这首歌就由校文工团在校党代会和建党19周年纪念会上正式演出。久鸣还向出席会议的全体同志教唱了这首歌,受到同志们的欢迎和好评。后来,它很快在山东各个抗日根据地流传开来,一直流传到江淮一带的新四军地区。1946年,新四军北撤到山东时,有位在上海入党的同志告诉我,他在上海秘密入党时,在宣誓会上唱的就是这首歌。当时,大家还以为这就是中国共产党的党歌呢。"

2004年1月21日,词作者沙洪去世。这位从1940到1954年一直在山东工作的老同志生前是一位老报人,他曾任《大众日报》副刊主编、新华社济南分社主任及《青岛日报》社长、总编辑等职。在生命最后一刻,沙洪同志割舍不了山东情、沂蒙情,思绪仍随着《跟着共产党走》飞扬,他留下遗愿——将部分骨灰安葬在歌曲诞生地。

山东省沂南县孙祖镇东高庄村,是著名赞歌《跟着共产党走》的诞生地,此地现已竖立了纪念碑,建起了纪念亭。

(资料来源:沙洪、王久鸣:《跟着共产党走》,《党建》2010年第7期;侯继武、侯威:《数字里的学问》,学林出版社2011年版。)

【思考讨论】

1. 歌曲《跟着共产党走》告诉人们一个什么道理?

2. 它对当前中国共产党的建设有着怎样的启示？

【案例解析】

《跟着共产党走》这首革命经典歌曲是作者沙洪和王久鸣以饱满的抗战热情以及跟着共产党走的坚定信念创作而成的。这首歌曲充分表达了沂蒙根据地抗日军民的心声和信念，唱出了人民群众与共产党、八路军的鱼水深情。歌曲在沂蒙山区孕育唱响，从解放区唱到敌占区，传遍全中国，直到今天仍传唱不衰。革命战争年代，广大党员无私无畏、胸怀坦荡、目光远大，代表绝大多数人民的利益，时刻保持与人民的血肉联系，勇于开拓，与时俱进，中国共产党不愧是灯塔，是舵手，因此人民才会跟着共产党走。

这首歌曲根植于党和人民之间的血肉联系，是从百姓的心中迸发出来的，鼓舞着中华儿女走向民族解放的战场，走向和平建设的一线，走向人民需要的一切地方。革命战争年代，老百姓跟着共产党走，翻身解放成了国家的主人；和平建设年代，老百姓跟着共产党走，脱贫致富过上了以前想都不敢想的好生活；今后，老百姓还要跟着共产党走，创造和迎接更加光辉灿烂的明天。

【教学建议】

本案例通过描述经典歌曲《跟着共产党走》的创作过程，揭示了革命战争年代党群、军民鱼水深情，阐明了广大人民群众坚定跟党走、对未来怀着无比美好憧憬的理想信念。

本案例适用于《马克思主义基本原理》课程第三章第三节"人民群众在历史发展中的作用"的辅助教学；同时适用于《习近平新时代中国特色社会主义思想概论》第三章"坚持党的全面领导"的辅助教学；还适用于《思想道德与法治》第二章"追求远大理想　坚定崇高信念"的辅助教学。

"优良传统 民族精神"
思政课教学案例之十一

——以《沂蒙山小调》的诞生为例

【案例正文】

《沂蒙山小调》诞生于抗战时期的1940年。当年,就在蒙山第三高峰——望海楼脚下的临沂费县薛庄镇上白石屋村,抗大一分校文工团团员李林、阮若珊借鉴当地流传的花鼓调创作了初期的《沂蒙山小调》,其后来在流传中经过多次加工修改,成为蜚声海内外的沂蒙民歌。

    人人(那个)都说(哎) 沂蒙山好,
    沂蒙(那个)山上(哎) 好风光。
    青山(那个)绿水(哎) 多好(那个)看,
    风吹(那个)草低(哎) 见牛羊。
    高粱(那个)红来(哎) 豆花(那个)香,
    万担(那个)谷子(哎) 堆满仓。
    咱们的共产党(哎)
    领导得好啊
    沂蒙山的人民(哎)
    喜洋洋(啊)
    沂蒙山的人民(哎)
    喜洋洋(啊)

1940年正值抗日战争的艰苦岁月,沂蒙抗日根据地建立不久,日寇经常"扫荡",以国民党临沂专员张里元为首的顽固派也时常破坏抗日根据地。他们利用当地反动势力"黄沙会"与我抗日军民对抗。我党和抗日民主政府对"黄沙会"会首和下层会众做了大量教育和争取工作。当时抗大一分校文工团的任务就是以文艺宣传为武器,积极配合这一行动,全团一面在前线开展对敌人的政治攻势,一面深入"黄沙会"最盛行的沙沟峪、马头崖等地召开干部群众座谈会,进行调查研究和宣传教育,同时搜集创作素材。

《沂蒙山小调》诞生于蒙山第三高峰——望海楼脚下的临沂费县薛庄镇上白石屋村。白石屋是个风光优美的小山村。西、北、南三面环山,形成了一个"簸箕"状的山坳,村子就坐落在北面的山坡上,每个自然村有一二十户人家。小村依山傍势,错落有致,四面绿树成荫,山石林立,村前小桥流水,山路弯弯,西面是海拔1 000多米的天然屏障"望海楼",村子极为隐蔽和幽静。在这种隐蔽而幽静的环境中,年轻的抗大文工团团员创作了旷世绝唱《沂蒙山小调》。文工团成员之一的阮若珊写出了歌词,另一名团员李林以以前的一个民歌的曲子为基础谱曲。歌曲最初的题目是"反对黄沙会",歌词为控诉黄沙会的罪行,揭露黄沙会的阴谋;曲调是他们根据逃荒到东北的山东卖唱人所唱的曲调,加工整理而成的。阮若珊在之后的蒙山根据地的一次庆功宴上首唱了这首歌,人民群众表示喜闻乐见,这首歌就火了起来。歌曲一经传出,就以其通俗、易懂、生动的歌词,美妙动听的曲调,很快传遍了鲁中、鲁南、滨海、胶东、渤海各抗日根据地,受到了广大军民的普遍喜爱。后来,人们根据形势的不断发展,又对歌词内容相继做了修改、充实和完善,渐渐撇开了反对黄沙会的词句,换上了抗日救国的内容,给它注入了更强的时代精神。新中国成立以后,在长期的流传过程中,经过群众的不断加工修改,保留了原作的前两段歌词,第三段成为新词,方成今日的歌颂沂蒙山区风光的民歌——《沂蒙山小调》。

1964年,华东地区举行民歌会演时,山东省歌舞团独唱演员韦友芹用她那甜润的歌喉演唱了《沂蒙山小调》,受到陈毅和其他中央首长的称赞,后被录制成唱片,又一次在全国引起了轰动。随着时间的推移,这首"山东民歌"已蜚声国内外。群众盛赞"南有《茉莉花》,北有《沂蒙山小调》",这首歌成了久唱不衰的红色经典歌曲。

为纪念沂蒙山小调的诞生,当地政府在村前建了一座纪念亭、立了一座纪念碑,亭前的一块天然巨石上刻着小调的原作者之一阮若珊女士亲笔题写的一行字——"深深怀念沂蒙山好地方",寄托了作者对白石屋、对沂蒙山的一腔深情。

(资料来源:张小芳:《〈沂蒙山小调〉创作散记》,《党史文苑》2014年第5期;《费县读本》编委会:《费县读本》,山东人民出版社2015年版;胥必海、周琪芝、任红军:《中国民歌同名钢琴曲之比较研究》,民族出版社2011年版。)

【思考讨论】

1.《沂蒙山小调》是在怎样的背景下创作出来的？
2.《沂蒙山小调》这首歌曲表达了沂蒙人民怎样的感情？

【案例解析】

　　沂蒙山区是抗日战争和解放战争时期中国共产党建立的主要根据地之一，血与火的洗礼，培育了沂蒙山浓郁的革命文化，形成了宝贵的沂蒙精神，《沂蒙山小调》就是对沂蒙精神的生动诠释。

　　《沂蒙山小调》这首歌曲在沂蒙山的百姓中传唱至今，已经成了沂蒙山的代名词。许多人认识沂蒙山，就是从听了这首《沂蒙山小调》开始的。《沂蒙山小调》所折射出的沂蒙精神现在已成为老区人民发展经济、开拓进取的强大动力，正是这种自强不息的沂蒙精神激励着百万沂蒙儿女不断创造新的辉煌。

【教学建议】

　　本案例展现了经典民歌《沂蒙山小调》的创作背景及过程。在教学过程中，可通过本案例帮助学生了解革命战争时期的党群关系以及沂蒙地区的红色文化。

　　本案例适用于《思想道德与法治》第二章"追求远大理想　坚定崇高信念"的辅助教学。

第三编 继承发展 迈步向前

"继承发展　迈步向前"思政课教学案例之一
　　——以"识字班"的故事为例

"继承发展　迈步向前"思政课教学案例之二
　　——以"庄户学"的故事为例

"继承发展　迈步向前"思政课教学案例之三
　　——以吕鸿宾与省第一个农业生产合作社的故事为例

"继承发展　迈步向前"思政课教学案例之四
　　——以王家坊前村的新做法为例

"继承发展　迈步向前"思政课教学案例之五
　　——以高家柳沟的新做法为例

"继承发展　迈步向前"思政课教学案例之六
　　——以"厉家寨是一个好例"的由来为例

"继承发展　迈步向前"思政课教学案例之七
　　——以九间棚人的故事为例

"继承发展　迈步向前"思政课教学案例之八
　　——以戚洪桂的故事为例

"继承发展　迈步向前"思政课教学案例之九
　　——以好妈妈胡玉萍的故事为例

"继承发展　迈步向前"思政课教学案例之十
　　——以"新红嫂"朱呈镕的故事为例

"继承发展　迈步向前"
思政课教学案例之一

——以"识字班"的故事为例

【案例正文】

识字班是抗日战争时期革命根据地扫盲运动的一种学习组织形式。沂蒙"识字班"作为沂蒙老区独特的历史文化现象,是沂蒙精神不可分割的重要组成部分。识字班,是从大店镇(曾是山东省人民政府驻地)传播到整个山东解放区的。它是革命战争年代老区妇女积极学习文化知识、追求上进的代名词。在沂蒙革命老区,因参加识字班的多为年轻妇女,后"识字班"演化为对年轻妇女尤其是未婚少女的称呼。

据《沂蒙抗日战争史》记载:沂蒙山区经济贫穷,文化落后。自古以来广大劳动人民祖祖辈辈很少有读书识字的。抗战以来,共产党、八路军在这里开辟了根据地。抗战初期,中共沂蒙党组织就十分重视文化建设,在发展初、高级小学的同时,还建立起了许多冬学、识字班、夜校等。据1941年3月7日的《大众日报》报道,沂蒙山区已有冬学600处,学员18 462人;识字班225处,学员4 502人。[①] 出现了"村村办学,户户读书,抗日救国,人人争先"的新气象,掀起了一个面向人民大众的新文化普及运动高潮。

沂蒙山的"识字班"与抗日根据地开展的文化活动密不可分,最早是从滨海区的莒南县兴起的。崔维志、唐秀娥主编的《沂蒙抗日战争史》中就有关于识字班的记载:1941年,山东省妇联在"三八"国际妇女节宣传大纲中发出号召,要加强组织妇女识字班、识字组,建立女子小学、妇女训练组等。从此,根据地的广大年轻妇女普遍参加识字班学习。

莒南县素称山东"小延安"。1941年3月,中共中央山东分局、省战工会等

---

① 临沂地区史志办公室:《临沂百年大事记》,山东人民出版社1989年版,第391页。

领导机关和八路军第一一五师司令部由鲁中转移到莒南大店,驻扎近5年。这年春,根据地各党政军机关所属八大专业剧团举行了为期10天的联合观摩演出,6月,又在西岭泉村举行十一大剧团参加的文艺会演,这两次会演推动了莒南乃至整个沂蒙山区群众文化活动的开展。此后,莒南有条件的村庄都成立了庄户剧团。

当时沂蒙山区的青壮年小伙子纷纷参军或支前,轰轰烈烈的群众文化运动使农村里的广大农村妇女也勇敢地走出家门,走上社会,参加了八路军开展的扫盲运动——识字班。识字班按年龄、性别分班,班里大都是妇女和小姑娘,由于未婚女青年班坚持得最好,成绩也最突出,受到了根据地党政军领导的好评,时间久了就习惯称女青年为"识字班"。这样,"识字班"就成了沂蒙山区年轻姑娘的特殊称谓。当时流行的《识字班歌》,"识字班里真模范,俺到课堂去上班,一直上到下两点,回到家中快纺线;各人识字各人好,妇女地位得提高,能看书来能看报,也能看那北海票(当时的货币)……"生动展现了当时女青年上识字班的情景。

战争胜利后,识字班运动在全国仍坚持了很长一段时间。后来,随着教育事业的发展,扫盲运动早已宣告结束,而沂蒙"识字班"这个对姑娘的专称,由于其形象生动且深入人心,仍然流传在人们的语言中,鲜活地记载着这段让人难忘的历史。

(资料来源:秦向阳:《沂蒙识字班的形成、发展及其贡献》,《枣庄学院学报》,2007年第4期。)

【思考讨论】

1. 沂蒙识字班反映了革命战争年代沂蒙革命根据地怎样的精神风貌?
2. "识字班"的称呼给我们哪些启示?

【案例解析】

"识字班"是革命战争年代特有的文化现象,是沂蒙山区乃至中华民族独特的民族文化,深深地根植于沂蒙山区这片富含红色文化基因的土地上,延续着,被人们回味着。在这里,没有人不知道"识字班"就是未婚姑娘的意思,它已成为沂蒙山区的一个文化品牌，一道独特的文化风景线。

沂蒙"识字班"能够在沂蒙老区的历史中历经风雨而未磨灭，说明它已经成了一种特殊的识字班文化，这种文化让全体沂蒙"识字班"有了一个共同的奋斗目标，那就是保家卫国。为了这个目标，大家心往一起想、劲往一起使，不惜奉献出自己的青春、爱情和婚姻。"嫁人就嫁八路军""娶妻就娶识字班"，这看似简单的口号，凝聚了一代伟大沂蒙女性的勇气和文化取向。它鼓舞了一批又一批的热血男儿迎着枪林弹雨冲向杀敌报国的战场。

如今，沂蒙老区的父老乡亲对姑娘的称呼——"识字班"始终没有变，这些"识字班"们依然负重前行，继承革命传统的作风也没变。她们正在不同的岗位上为建设家乡、发展家乡贡献自己的力量，涌现出很多科技能手、致富能手、教育能手、拥军模范，书写着新时期"识字班"的崭新风貌。沂蒙草编、沂蒙剪纸、沂蒙刺绣、沂蒙鞋垫、沂蒙煎饼等众多流传民间的传统技艺在"识字班"的手中又展现出新的风采。

【教学建议】

本案例展现了抗日战争时期在沂蒙山区出现的一种特殊的群众教育组织和形式——"识字班"。在教学过程中，可通过本案例让学生了解思想和文化教育的重要性以及中国共产党在革命战争时期是如何在思想文化上解放人民群众的。

本案例适用于《中国近现代史纲要》第六章第四节的"四、抗日民主根据地的建设""五、大后方的抗日民主运动和进步文化工作"的辅助教学。

"继承发展 迈步向前"
思政课教学案例之二

——以"庄户学"的故事为例

【案例正文】

抗日战争时期,为了提高广大民众的文化素质,普及抗战教育,中国共产党在其领导的各个抗日根据地广泛开展了冬学运动。冬学运动自1937年从陕甘宁边区兴起后,发展迅速,到1945年已经遍及西北、华东、华北、华中几乎所有根据地,成为抗日根据地社会教育的一种组织形式,并贯穿于抗战斗争始终,对中国乡村社会产生了深远的影响。

山东抗日根据地的冬学运动始于1940年。1940年10月22日,《大众日报》发表了《普遍开展冬学运动》的社论。社论指出:冬学运动不仅可以广泛地扫除文盲和政治盲,可以推动国民教育的开展,并且对于根据地的建设、民主政权的巩固与群众工作的深入,都是重要的一环;必须使冬学成为一种运动,这一工作才能获得所希望的成绩。社论发表后,各地立即响应,纷纷召开座谈会,讨论如何推动冬学的开展。其中影响最大的,是时任山东省战时工作推行委员会文教组负责人李竹如主持的座谈会。李竹如在会上系统地阐述了冬学运动的意义与目的、具体要求与方法以及具体问题的解决。他的发言对山东抗日根据地的冬学运动产生了重要影响,成了后来山东冬学运动的工作纲领。此外,《大众日报》还连续刊发了一系列关于冬学运动的评论与如何推广的文章,如1940年11月10日刊发了《开展冬学运动的关键》《怎样解决冬学运动的师资问题》《怎样办一个冬学》,11月16日刊发了《山东各界救国总会为冬学运动给各级民众团体的一封信》,11月22日刊发了《部队机关怎样开展冬学运动》。在座谈会与报刊评论的双重推动下,山东抗日根据地的冬学运动蓬勃发展起来。之后的每一年,《大众日报》都会刊登冬学运动的社论、方案、总结以及经验介绍、模范事迹等,展开强势宣传。山东抗日根据地的冬学运动一开始就显得成熟、有序、有力,不但较好地吸收和借鉴了陕甘宁边区的成功经验，而且鼓励各根据地根据实际情况创造性地推进冬学教育，发现好典型、好经验，及时宣传推广。其中"庄户学"就是山东抗日根据地为适应抗战需要和群众生产生活需要创造的一种新型教学模式，具有鲜明的地方特色。其因教学内容紧密联系群众生产生活实际、教学方法灵活、教学形式多样而受到广大群众的欢迎，先是在莒南发起，后在沂蒙地区推广，最后几乎遍及整个山东抗日根据地。

"庄户学"缘起于小学教育方式方法的拓展与创新，是由小学老师张建华创造的。张建华是一个朴实敦厚、热情细心的男青年，1943年11月，张建华从滨海中学师范毕业后分配到莒南县洙边区刘家莲子坡村小学任教，当时他才18岁。最初，他每天从早到晚认真备课、上课，解答学生问题。可不久，学生请假、旷课的渐渐多了起来，最终三四十个人的学校就只剩下四五个人了。张建华就千方百计查找原因。他发现绝大多数贫苦农民的孩子都要去参加家庭生产劳动，无法坚持正常教学。于是他走出学校，跟踪追寻孩子们的去处，到山坡、田间地头，和孩子们混在一起，孩子们干什么，他就干什么，慢慢熟悉了，就趁机教他们识几个字。这样一来，孩子们都很高兴。张建华进而根据孩子们的不同劳动任务，把他们编成小组，譬如分成放牛组、割草组、拾柴组等，适当安排劳动和学习的时间，好天就在田间、山坡巡回给他们上课，雨天就把他们集中到教室读书。因此就有了"小黑板黑又亮，放牛挂在牛角上，锄地插在地边上"的歌谣。这种教学方式较好地解决了学习与劳动的矛盾，村里的少年儿童入学人数迅速增加，达到全村少年儿童总数的92%，这是过去从来没有过的。这个办法被村干部和家长们知道了后称赞说："这样又干活，又学习，很合咱们庄户人的意，像个庄户学堂。"在张建华的帮助下，该村又成立了妇女学习班、民兵学习班、青壮年学习班、村干部学习班等，这些学习班也都根据学员的需要和习惯，灵活确定学习内容、学习时间和学习形式。

大家决定为这种新办法起个新名称，讨论后的结果是采用了"庄户学"这个名称。1944年4月21日，《大众日报》发表《莲子坡的"庄户学"，老百姓人人拥护》一文，介绍莲子坡"庄户学"的经验。《解放日报》也作了专题报道。同年11月17日，在全省行政工作会议上，张建华汇报了创办"庄户学"的经过，并被授予"山东省教育英雄"称号。随即，莒南抗日民主政府发出通知，决定在全县推广"庄户学"。各乡、村按照刘家莲子坡村的做法，把原来的小学、识字班办成"庄户学"，使"庄户学"从儿童教育逐步发展到成人教育，全县很快出现了"子教母，姑帮嫂，自动学，互相教"的学习文化的局面。一时间全县掀起了办"庄户学"的热潮。山东省战时行政委员会在全省工作会议上总结了这一经验。从此，全省各地纷纷前来参观学习。

（资料来源：刘欣：《山东抗日根据地对冬学运动的改造与创新——以"庄户学"为例》，《济宁学院学报》，2010年第2期；徐东升、孙海英：《沂蒙红色文化符号》，九州出版社2021年版。）

【思考讨论】

1. 庄户学对我党在沂蒙山区的文化建设起到了哪些推动作用？
2. 庄户学的形成和发展对于我们今天的教育事业有何借鉴意义？

【案例解析】

开办庄户学是中国共产党适应战争形势和农村生产劳动的实际需要而创造的一种教学模式。由于这种教学模式较好地解决了学习和劳动之间的矛盾，做到了学习、劳动两不误，因而受到了广大人民群众的欢迎。这一学习形式很快在山东解放区得到全面推广，进而把根据地的民众教育推向了高潮，提高了老百姓的文化水平，让老百姓在思想文化上得到解放，在山东教育史上写下了光辉的一页。

"庄户学"作为一种新的教学组织形式和教学方法，其独特的魅力表现在以下三个方面：一是教学内容丰富多彩，既有军事、政治、时事，又有识字、常识、文化娱乐、珠算等，同时考虑不同时期、不同年度抗战形势以及群众的生产生活实际，根据教学对象的不同特点和实际情况，实行老百姓需要什么就教什么。教学内容还与当地风俗相结合，除了宣传妇女放脚、破除封建迷信外，在社会风气上也提出了新事新办、勤俭节约的口号。二是庄户学的教学组织形式多样，适应战争年代的特点，灵活多样，实行"分散学"——老百姓在哪里生产就在哪里办学，老百姓需要什么就教什么，使群众在劳动中接受教育。另外，根据群众文化水平浅、识字少的现状，运用识字牌、标语、黑板、纸条等作为对群众进行文化教育的补充形式，努力营造一种识字学习的氛围，增强了教学效果。三是教学方法灵活，采用了互教互学、讨论交流、现身说法、与村剧团结合等多种方法。"庄户学"

适应了抗战和生产劳动的需要,适合农民的特点,具有强大的生命力,全省各抗日根据地纷纷来这里参观、学习,使这一学习形式很快在山东解放区得到全面推广,进而把根据地的民众教育推向了高潮。

【教学建议】

本案例展现了中国共产党创造的一种新型民众教育形式——庄户学。在教学过程中,可通过本案例帮助学生了解革命战争时期中国共产党是如何进行民众教育、保障人民群众的文化权益的。

本案例适用于《中国近现代史纲要》第六章第四节的"四、抗日民主根据地的建设""五、大后方的抗日民主运动和进步文化工作"的辅助教学。

"继承发展 迈步向前"
思政课教学案例之三

——以吕鸿宾与省第一个农业生产合作社的故事为例

【案例正文】

吕鸿宾,莒县阎庄镇吕家庄(后并入爱国村)人,全国著名农业劳动模范,第一至第六届全国人大代表。他1911年11月出生于一个贫苦农民家庭。15岁随父母逃荒闯东北,1936年回乡。1944年莒县解放后,他积极跟共产党走,样样工作跑在前头。

1948年,吕鸿宾加入中国共产党,担任吕家庄第一任支部书记,他带领群众,积极响应党的"一面支前,一面生产,组织起来,支前生产两不误"的号召,动员群众成立互助组,解决支前与生产之间的矛盾。在淮海战役全面展开的时候,他积极组织互助组,采取"劳力巧安排,人员巧组合"的办法,使全村无闲人,解决了青壮劳力大多支前,村里只剩下老弱妇女的矛盾,克服了种种困难,完成了秋收秋种的任务。由于小麦适时下种,第二年小麦亩产50多公斤,比单干户亩增28公斤,获得了大丰收。因此吕家庄受到阎庄镇区委的表彰,奖给锦旗一面,并向全区介绍了吕家庄的经验。1949年11月,全县召开劳模会,吕鸿宾被评为一等劳模,吕家庄被县府授予"全县第一模范村"称号。

1950年,吕鸿宾被沂水专署授予"农业劳动模范"称号。同年9月,他出席全国工农兵劳动模范代表会议,受到毛泽东主席和其他中央首长的接见,被政务院授予"全国农业劳动模范"称号。

农业生产合作社,是在中国共产党和人民政府的领导和帮助下,由劳动农民在自愿互利的基础上组织起来的合作经济组织。按照生产资料公有化程度划分,农业社有半社会主义性质的初级农业生产合作社和完全社会主义性质的高级农业生产合作社两种。中国共产党领导农民积极组织农业社,是在中华人民共和国成立以后。

1951年，吕鸿宾成立全省第一个农业生产合作社。1951年10月1日，在天安门观礼台上，他遇到中央农业部的刘定安，刘定安告诉吕鸿宾："中央要在全国试办60个农业生产合作社，其中华东地区就有你一个。"之后，吕鸿宾参观了河北省新利屯、吴公村等农业生产合作社，听了经验介绍。11月初，吕鸿宾离京返乡并酝酿成立农业生产合作社。但由于对这一新生事物缺乏实践经验和切身体会，富裕中农反对，贫下中农则"随大流"持观望态度，同意办社的农户由刚开始的9户减到3户。吕鸿宾向沂水地委书记周星夫汇报了筹备办社情况，周星夫支持说："3户就比两户多，星星之火，可以燎原嘛。"11月25日，吕鸿宾等3户召开了农业合作社成立大会，这是山东省第一个农业生产合作社。山东人民广播电台、《大众日报》等报道了吕鸿宾办社的情况，并把合作社命名为吕鸿宾农业生产合作社。《大众日报》报道说："山东滨海区莒县吕家庄发生了翻天覆地的变化，全省第一个农业合作社诞生，值得我们祝贺。"

1952年夏，吕鸿宾农业生产合作社小麦获得丰收，创造了沂水地区小麦丰产最高纪录。中共中央华东局在上海召开了小麦丰产奖励大会，奖给吕鸿宾合作社一面红旗、一枚奖章和200元现金。会后，省、地、县领导纷纷前来参观学习，群众看到合作社生产好纷纷要求入社，到9月，合作社发展到59户，连尹家楼、马家街两村也有20户农民参加了吕鸿宾农业生产合作社。这时有人提出把3个自然村合并成1个村。1952年7月29日，三村群众汇集一处，召开了庆祝大会，公布了"爱国村"的新村名，农业合作社也更名为"爱国农业生产合作社"。

农业生产合作社成立初期，劳动计酬仍沿用互助组时的"死分活评"，随着生产的发展和管理水平的提高，这种方式暴露出评工费时影响劳动和休息、影响干群团结、不能体现同工同酬等弊病。1952年9月29日吕鸿宾从苏联回国后，借鉴苏联的经验，根据苏联集体农庄"定质、定量、按件记工"的办法，开始实行"定量、定工、定质、定时"四定劳动管理制度，后又创造了九级定额管理制度，使"多劳多得"的原则得到充分体现，对调动社员生产积极性起了很大作用。

1955年，爱国农业生产合作社扩大，成为由19个自然村组成的爱国高级农业生产合作社。合作社由开始的3户、17口人、41亩地，发展到125户、559人、1335亩地。由于采取典型示范、逐步发展、入社自愿、退社自由的方针，实行土地分红与按劳分配相结合，妥善解决了集体劳动和私人所有之间的矛盾，促进了生产力的发展。集体化后，吕鸿宾特别注意先进农业技术的引进推广和应用。1955年，爱国社就成立了农业科学技术队（后称实验队），划出30亩地，组织10

多名青壮年,聘请贾马官庄的谢长法任队长兼技术员。引进的良种和技术,在实验队进行试验示范,成功的推广了许多作物优良品种和先进的农业生产技术,对提高粮食产量和经济效益起了巨大作用。

吕鸿宾深知"无工不富"的道理,所以他非常重视集体工副业的发展。在他的支持下,1953年爱国农业生产合作社成立起5个人的铁木业社,后逐步发展成为有一定规模的爱国机械厂。要想把机械厂办好,没有技术人员不行。他到处物色,把当时认为"有问题的"技术人员请来,让他们放下包袱,积极工作,靠技术人员和工人们的共同努力,研制出了小四轮拖拉机、变压器、播种机、小钢磨等当时具有先进水平的机械。对于小钢磨的制造,吕鸿宾曾和技术员王铸(后调任县农机局副局长、高级工程师)说:"咱莒县人爱吃煎饼,可就是磨难推,老婆孩子围着磨沟转,拿着人当驴使,这总不是个事。咱一定想办法,把千百年没解决的难题解决掉!"吕鸿宾的话,也是千百万群众共同的心声。干部群众听说研究机器煎饼磨,都欢喜得拍手称快,期待着早日研究成功。在吕鸿宾的鼓励和支持下,王铸带领攻关小组,昼夜奋战,不到一个月的时间,第一台煎饼机试制出来了,后经改进,终于获得成功,吕鸿宾高兴地说:"祖辈用的大石磨,我们用上了小钢磨。"从此,小钢磨就成了煎饼糊子机的专用名称。新产的小钢磨,远销东北各地。当时群众赞扬说:"小钢磨转得欢,解放了妇女半边天。"后吕鸿宾安排专人抓工业,使工副业项目发展有石灰窑、砖瓦厂、水泥厂、鞋厂、缝纫、木工、修配、油坊、纸浆制造、马车运输、拖拉机站等多个工业项目,并有了颇为可观的经济效益。合作社在农民中的威信很高。吕鸿宾爱国农业生产合作社是山东省乃至华东局最早成立的农业生产合作社,其建社经验被迅速总结推广,指导各地建社工作,产生了巨大示范作用,成为华东局及山东省农业生产合作社的一面旗帜。

(资料来源:《中国共产党日照历史大事记略(1921—2011)》,中共党史出版社2012年版。)

【思考讨论】

1. 吕鸿宾爱国农业生产合作社是在怎样的社会背景下产生和发展的?
2. 它对当时经济和社会的发展产生了怎样的作用? 对今天经济改革有何启示?

【案例解析】

新中国成立初期,国家急需全国各族人民积极投入社会主义建设,献计献策,为国分忧。吕鸿宾在1953年出版的《吕鸿宾访苏日记》中提出社会主义集体化要打破"吃大锅饭"的思想;1955年在全国率先倡导实行包工责任制。"大跃进"运动中,他反对浮夸风,坚持实事求是搞种植。1961年3月,《人民日报》发表了《种植计划必须实事求是》社论。这年秋,《人民日报》再次发表爱国大队因地种植的调查报告。他被群众称为"走互助合作道路的带头人",是新中国建设社会主义新农村的先行者。

作为沂蒙人的吕鸿宾无论是在生产还是在管理各方面始终走在前列,他率先成立的农业生产合作社在山东乃至全国具有标杆意义,产生了巨大的示范作用,也充分体现了沂蒙人的敢闯敢干、开拓进取的沂蒙精神。

【教学建议】

本案例通过对吕鸿宾和山东省第一个农业合作社的创办过程的描述,展示了新中国成立初期以吕鸿宾为代表的沂蒙人民在社会主义改造时期无私奉献、敢为人先的精神风貌。

本案例适用于《马克思主义基本原理》第三章"人类社会及其发展规律"的辅助教学;同时适用于《毛泽东思想和中国特色社会主义理论体系概论》第三章"社会主义改造理论"的辅助教学。

"继承发展　迈步向前"
思政课教学案例之四

——以王家坊前村的新做法为例

【案例正文】

　　早在新中国成立前，沂蒙根据地就已经实行了土地改革，根据地的群众基本上人人都有其田。为了克服一家一户群众克服不了的困难，当地普遍成立了互助组，到1944年，沂蒙地区发展各种互助组已达2万多个。在实行农业合作化的过程中，沂蒙人民又创造了许多新经验，特别是莒南县王家坊前新建农业合作社创造的发动社员投资、解决合作社资金不足的经验，受到毛泽东主席称赞，经毛泽东主席亲笔批示后在全国推广。

　　莒南县地处沂蒙山区东部，战争年代，八路军第一一五师司令部长期驻扎在这里，中共山东省政府也于1945年在该县大店镇成立。这里的群众革命热情很高，走社会主义道路的决心很大。1953年农业合作化时期，该县王家坊前村积极响应党中央、毛泽东的号召，开始兴办初级农业合作社。该村"老社长"王同昌和复员军人张三善、史明松3个共产党员响应党中央、毛主席的号召，带领15户农民办起了新建农业生产合作社。办社之初，生产条件非常困难。1954年，这个社的社员每户粮食产量要比单干时提高了1到2倍。其他农民看到了办社的好处，纷纷要求入社，"新建社"便由原来的15户发展到了33户。但由于集体经济基础太差，社员家底又穷，不仅生产资金困难，而且连种子、农具等生产资料都严重不足。到了春耕时节，社员们遇到了缺农具、缺种子、缺肥料、无资金的大难题，眼看就要无法耕种。如何克服面临的困难？社员们集思广益，最后决定采取依靠大家、充分发挥合作的优势、自愿投资、自力更生解决困难的办法。社长王同昌率先把自己平时省吃俭用积攒下的100元钱投到社里，复员军人史明松也把自己的50元退伍安家费投到社里。在社委会领导的带动下，社员们纷纷向社里投资、投物，到1955年3月初，全社已有10户社员投资270余元，18户社员投花生种 600 余公斤,还有一些农具、种子等其他生产资料。困难解决了,不仅当年农业生产又获得了大丰收,而且为合作社的持续发展奠定了良好的基础。这年秋天,社里获得了大丰收,社员分得粮食比原来多了 1 倍多。

这个新的做法,引起了上级领导的高度关注。区委领导将《新建农业合作社发动社员投资的情况报告》上报莒南县委和大众日报社。不久,《大众日报》在头版头条发表了这篇文章。中共山东省委也专门派省委农村工作部部长谢华到王家坊前村进行调查研究,并将其典型经验上报中央。1955 年 9 月,毛泽东主席对莒南县委关于新建农业生产合作社发动社员投资的情况报告作出批示:"这个合作社的经验也证明,适当地,不是过多地,并且是在启发社员有了充分的觉悟以后,对于贫苦社员又加以照顾等多项条件之下,发动社员投资,解决合作社生产资金不足的困难,是完全可能的。"①毛主席将题目改为"解决生产资金不足的困难"后,此文被编入《中国农村的社会主义高潮》一书中,这一经验在全国得以推广。

毛主席高度重视和赞扬并批示推广王家坊前新建农业合作社的经验,对于推动全国各地创建农业合作社,走互助合作的道路,迅速掀起农村社会主义建设新高潮,发挥了极其重要的作用。新中国成立之初,政治上刚刚翻身解放的农民,经济上还很穷,刚刚建立起来的农业生产合作社更没有集体积累和经济基础,这在全国是十分普遍的问题。这个问题如何解决,事关农业合作化的成败,事关人民群众对建设社会主义的信心。

半个多世纪以来,特别是改革开放以来,一代又一代的王家坊前人在毛主席的批示激励下,在各级党委、政府的正确领导和关心支持下,始终坚持发扬自力更生、勤俭节约、艰苦创业、合作共赢、敢为人先的王家坊前精神,使集体经济不断壮大,农民生活不断改善,王家坊前发展成为全县石雕石刻的核心基地村,成为全县的经济强村。在王家坊前精神的激励下,莒南的农村经济合作组织不断发展壮大。莒南人民在创业的道路上建立了座座丰碑。这是一笔宝贵的精神财富,也是王家坊前人的力量源泉,激励着后人解放思想、干事创业,加快发展,在建设中国特色社会主义新时代中创造出更加辉煌的业绩。

(资料来源:徐东升、费聿辉:《沂蒙精神与社会主义核心价值体系研究》,中央文献出版社 2012 年版。)

---

① 《建国以来重要文献选编》(第 7 册),中央文献出版社 1993 年版,第 221 页。

【思考讨论】

1. 王家坊前村的新做法体现出了怎样的精神？
2. 当代大学生应该如何继承和发扬这种精神？

【案例解析】

王家坊前村的做法是沂蒙人民在社会主义建设初期敢为人先、开拓奋进的缩影。新中国成立之初，农民很穷，刚刚建立起来的农业生产合作社更没有经济基础，这在全国是十分普遍的问题。这个问题如何解决，事关农业合作化的成败，事关人民群众对建设社会主义的信心。王家坊前村的新做法是一个创举。这一创举，不仅解决了生产资金不足的难题，而且也是生产方式的一种改进和创新。1955年9月，毛主席对中共莒南县委呈送的关于新建农业生产合作社发动社员投资的情况报告解写下了光辉批示，王家坊前村自力更生、勤俭办社的经验很快在全国得到推广。

王家坊前村的新做法至今仍然具有非常重要的现实意义。尤其是当代大学生，一定要学习这种开拓奋进的精神，志存高远、脚踏实地，坚定理想信念，练就过硬本领，勇于创新创造，矢志艰苦奋斗，锤炼高尚品格，努力成长为现代化建设的栋梁之材，始终走在时代发展前列，不断增强中国特色社会主义道路自信、理论自信、制度自信，在实现中国梦的伟大实践中勇做奋进者、开拓者、奉献者。

【教学建议】

本案例展现了社会主义建设初期沂蒙人民敢为人先、开拓奋进的代表——王家坊前村的新做法。在教学过程中，可通过本案例帮助学生了解社会主义改造理论，同时引导当代大学生勇做走在时代前列的奋进者、开拓者、奉献者。

本案例适用于《毛泽东思想和中国特色社会主义理论体系概论》第三章"社会主义改造理论"和第四章"社会主义建设道路初步探索的理论成果"的辅助教学；同时适用于《思想道德与法治》第二章"追求远大理想　坚定崇高信念"的辅助教学。

"继承发展 迈步向前"
思政课教学案例之五
——以高家柳沟的新做法为例

【案例正文】

农业合作化初期,由于农民没有文化,合作社找不出记账员,记工时只能画杠杠、画圈圈,结果年底成了一笔糊涂账,不但合作社难以为继,而且动摇了人们对组织起来办合作社的信心。

针对这个问题,莒南县高家柳沟青年团支部,组织26名团员青年创办了记工学习班,利用晚上时间在合作社社员家的厨房里组织青年农民学文化。学员们坐着小板凳,趴在饭桌上、锅台上、炕沿上学文化。没有经费,他们就凑花生油点灯照明;花生油不足,就用松明枝照明;用瓦盆片、水罐底当石板,用滑石当石笔。团支部把学习分成三步:第一步根据需要,先学本村的人名、地名和阿拉伯数字。第二步把要学的内容编成顺口溜,便于学员记忆。第三步创造见物识字的方法,在农民家的家具、用具上和街头巷尾都写上相应的名字,人们抬头见物,见物即见字。他们将所学内容编成歌谣,并创造了见物识字的学习形式,使该村处处是课堂,处处有教师,呈现出夫妻学习、姐妹学习、妯娌学习的热潮。

经过两个半月的学习,参加学习的115名青壮年中,有19人能胜任记账员,有92人能记自己的工账。这不仅解决了合作社缺少记账员的困难,提高了干部、群众办好合作社的信心,而且提高了农民群众的文化素质,为更好地发展农业生产打下了重要基础。

这一创造性的经验得到了县团委、区团委领导的高度重视和大力赞扬。1954年,共青团山东省委派人到高家柳沟进行总结并形成书面报告;随后,《山东青年报》刊登了高家柳沟青年团支部创办记工学习班的事迹。

1955年,《人民日报》刊登了介绍高家柳沟青年团支部创办记工学习班经验的文章,山东省委还批转了省团委关于高家柳沟青年团支部创办记工学习班做法的书面报告,要求在全省农村广泛推广这一经验。

1955年12月,毛主席对《莒南县高家柳沟青年团支部创办记工学习班的经验》一文作了重要批示:"这个经验应当普遍推行。列宁说过:'在一个文盲充斥的国家内,是建成不了共产主义社会的。'我国现在文盲这样多,而社会主义的建设又不能等到消灭了文盲以后才去开始进行,……山东莒南县高家柳沟村的青年团支部做了一个创造性的工作。看了这种情况,令人十分高兴。教员是有的,就是本乡的高小毕业生。进度是快的,两个半月就有一百多个青年和壮年学会了两百多字,能记自己的工账,有些人当了合作社的记账员。记工学习班这个名称也很好。这种学习班,各地应当普遍地仿办。各级青年团组织应当领导这一工作,一切党政机关应当予以支持。"①

毛主席的批示极大地鼓舞了高家柳沟农民学文化的热情,村团支部、妇代会相继办起了12个青壮年学习班、6个妇女学习班,编写了《业余学习语文试用课本》《学哲学课本》《高家柳沟诗选》等。1971年,该村业余学校发展到33个班,常年参加业余学习的有1 060人,学龄儿童全部入学,基本上扫除了青壮年文盲,走在了全国扫盲工作的前列。同年,村里还派出代表到中央人民广播电台介绍了高家柳沟农民业余教育经验。

在毛主席的指引下,全国兴起了学文化、扫除青壮年文盲运动。全国29个省、自治区、直辖市都先后派人来高家柳沟村参观学习,并纷纷仿效记工学习班的做法,采取多种形式组织农民学文化,有力地促进了青壮年的文化学习,大大提高了农民的文化素质,不仅推动了全国的农业合作化运动,而且增强了人们对社会主义的信心。

这一做法后来受到了联合国教科文组织的充分肯定,该组织多次派员来中国考察,向世界推广我国扫除文盲、进行国民教育的做法。

高家柳沟妇女记工学习班也涌现出了大批优秀妇女代表。其中,严汝美1978年出席了全国第四次妇女代表大会,受到党和国家领导人的接见。严维芬任村团支部书记期间,出席了共青团临沂地区和山东省代表大会,并分别作了典

---

① 《毛泽东文集》(第6卷),人民出版社1999年版,第455—456页。

型经验介绍。

（资料来源：徐东升、汲广运：《沂蒙精神研究》，山东人民出版社2017年版。）

【思考讨论】

1. 高家柳沟在记工学习班创办过程中有哪些创新？
2. 高家柳沟的做法给了我们哪些启示？

【案例解析】

在实行农业合作化的过程中，沂蒙人民创造了许多新经验，高家柳沟的新做法就是其中之一。

莒南县高家柳沟村的团支部由于创办了农民记工学习班，受到毛泽东主席的称赞，成为全国农村学文化的红旗单位。当时全国上下普遍缺少文化，农村更为突出。这种状况，给办合作社带来了很大困难。

高家柳沟当时办起的初级农业合作社就面临这个问题。高家柳沟团支部创办记工学习班，不仅解决了合作社缺少记账员的困难，提高了干部、群众办好合作社的信心，而且提高了农民群众的文化素质，为更好地发展农业生产打下了重要基础。

文化软实力是衡量一个国家综合实力的重要指标之一。在新中国成立初期，要想建设好国家，不重视对国民的文化教育是难以做到的。高家柳沟村的做法更加证明了这一点。高家柳沟村人重视文化教育，自发组织起来进行学习，扫除青壮年文盲，为国家建设和社会发展做出了贡献，也为当今我国的农业发展提供了有益的启示。

【教学建议】

本案例展现了沂蒙人民在实行农业合作化的过程中创造的新经验之一——高家柳沟的新做法。在教学过程中，可通过本案例帮助学生了解社会主义改造理论，同时引导当代大学生继承和发扬开拓奋进精神，勇做走在时代前列的奋进者、开拓者、奉献者。

　　本案例适用于《毛泽东思想和中国特色社会主义理论体系概论》第三章"社会主义改造理论"和第四章"社会主义建设道路初步探索的理论成果"的辅助教学;同时适用于《思想道德与法治》第二章"追求远大理想　坚定崇高信念"的辅助教学。

"继承发展　迈步向前"
思政课教学案例之六

—— 以"厉家寨是一个好例"的由来为例

【案例正文】

"愚公移山,改造中国,厉家寨是一个好例。"这是毛泽东于1957年10月9日在《山东省莒南县厉家寨大山农业社千方百计争取丰收再丰收》的报告上写下的重要批示。厉家寨位于三山五岭两河之间,自然条件恶劣,人民群众生活困难。为战胜穷山恶水,厉家寨人发扬愚公移山精神,奋力拼搏,开展了一系列卓有成效的探索,孕育形成了以"艰苦创业、敢为人先、团结实干、无私奉献"为主要内涵的厉家寨精神,厉家寨也成了沂蒙地区农业战线上最早涌现出的一个艰苦创业的先进典型。"愚公移山,改造中国",则成为全国人民战天斗地、改造自然的座右铭。

厉家寨,位于莒南县城东北30公里处,是一个典型的山村。新中国成立前,全村6 500亩的山岭薄地,斜洼不平,被众多山岭、河沟分割得零零碎碎,"瓢一块,碗一块,"有的十几块地才能凑成一亩地,而且90%是麻岩山岭和褐土地,土质贫瘠,粮食产量很低。种小麦,一亩地也就产五六十斤。因为土地太贫瘠,种玉米和高粱的话,没等出穗就绝产了,小麦收割后,村民就只能在地里种些穄子。种穄子虽然很多时候也绝产,但它可以长出穗来,没有籽的穗子打成糠,也可以凑合吃。尽管村民都尽力管护,但一年打下来的粮食仍不够半年吃的。同时,山荒岭秃,水土流失十分严重,每年都有三五百亩地连庄稼带熟土被洪水冲走。由于土层太薄,这些土地既不抗旱又不耐涝,当地群众无奈地说,这里是"三天不下雨小旱,五天不下雨大旱,连下几天雨就水灾泛滥,十年就有九年歉"。

新中国成立后,为了改变穷山恶水,厉家寨人民不断探索粮食丰收的好路子,主要通过叠土、深翻地、开发"二合一"梯田、"三合一"梯田,从而实现了粮食丰收。

村民最初改良土壤的尝试就是叠土。所谓叠土,就是将地块里周边的土往中间聚拢,增加土层厚度。后来,村民发现叠土这个方法不行,"一块地叠三年,围着锅台打转转",地块越来越小,地越种越少。叠土行不通,村民就开始尝试深翻地。土地深翻之后,收成好了一些。但新的问题又出现了。厉家寨属于丘陵地区,一到夏天,翻上来的土就被从山上流下来的雨水冲走了。于是,村民就在深翻地的中间打上"隔子"——修地堰,来减少雨水对土地的冲刷。将深翻地和修地堰两道工序合在一起做,"二合一"梯田就这样诞生了。可惜的是,"二合一"梯田在1956年意外地遭到了灭顶之灾。这年夏天,一场大雨过后,村子东边的一大片"二合一"梯田全部被冲毁了。大家忙活了好多天,查找到了主要原因——排水系统有问题。于是,"三合一"梯田在探索中诞生了。所谓"三合一",就是在一片地里做深翻地、培地堰和修排水系统三道工序。在深翻整平土地时,让地面外高里低倒流水,然后在地面里侧开一道排水沟,在排水沟的出口处,石砌沉淤坑,保水保肥,防止水土流失效果非常好。"三合一"梯田,实际上就是后来在全国广为推广的"大寨田"。从深翻地到"二合一"再到"三合一",厉家寨人付出了艰辛的劳动。①

经过几年奋力拼搏,厉家寨人以坚韧不拔的精神,艰苦奋斗,克服各种困难,累计凿通3道岭,搬掉11个岭头,填平21个大汪、300多道水沟,改修12条小河,把上千块横七竖八的小块地削高填洼,深翻整平118块大地,控制了水土流失,农业生产连年丰收。1956年,厉家寨粮食亩产达到274公斤,超过了当时《全国农业发展纲要》确定的亩产250公斤的目标,创造了令世人瞩目的辉煌业绩。

厉家寨翻天覆地的变化离不开好的党支部、好的带头人。1951年12月,厉月坤担任厉家寨党总支书记,开始带领大家改造家园。他组织互助组搞深翻地,到1957年,全村6 500亩地已基本深翻一遍。随后又组织村里打水井建水库,挖了一条800米长的深沟,可用水车提水浇地400多亩,从此结束了厉家寨靠人挑水浇地的历史。厉月坤于1958年被评为"华东地区劳动模范"。1955年,厉家寨由13个初级社合并成大山农业社,厉月坤担任总支书记,厉月举任社长。他们带领群众削梁填沟垫沙滩,在山沟里开垦出了厉家寨有史以来的第一块大

---

① 黄新东:《厉家寨:土地整治薪火传》,《中国国土资源报》,2011年5月6日,第1版。

地,号称"跑马田",共13亩多。厉月举于1957年被评为首届"全国劳动模范",1958年曾参加国庆观礼,受到毛主席的接见。1963年,厉月举当选为山东省第三届人民代表大会代表。

厉家寨人的壮举,得到了人们的认可。1957年10月毛主席批示后,中共莒南县委11月1日作出全县向厉家寨学习的决定。《大众日报》发表社论,号召全省学习厉家寨。12月,在全国农业工作会议上,国务院授予厉家寨大山农业社一面锦旗:"英雄社战胜穷山恶水"。

面对成绩,当时的厉家寨人又提出了"三山五岭摆战场,两条河流做文章,实现农业现代化,粮油再创高产,农林牧副全面发展"的思路,他们克服重重困难,大战棋盘山、石人顶,建起了龙潭沟、龙门水库等农业基础设施项目,掀开了整山治水、战天斗地的新篇章。

随着土地条件的逐渐改善,厉家寨的粮食产量也节节攀升。种麦子,从最开始的五六十斤到后来的200斤、300斤、500斤、800斤。经过厉家寨人的努力,山上都能种水稻了,这是以前连想都不敢想的。到1973年,厉家寨粮食亩产达1 000多斤,向国家贡献粮油40多万斤,群众生活水平有了很大提高,成为全国农业战线上的一面旗帜。1957至1965年,全国先后有50万人次来到厉家寨参观学习,不少单位请厉家寨的干部和群众去传授经验。

厉家寨人民的艰苦创业精神,极大地鼓舞和激励了沂蒙人民,沂蒙大地上展开了大规模的整山治水运动。每年都有上百万人上阵,冬战严寒,夏战酷暑。到1964年,初步实现了"平原水利化,洼地稻田化,岭地梯田化,荒山荒滩四旁绿化"的设想,使自然面貌和生产、生活条件得到了极大改善,为以后的经济发展打下了坚实的基础。

(资料来源:高峰岗、徐兴东:《不朽的沂蒙精神——厉家寨是一个好例》,《春秋》2011年第1期;徐东升、孙海英、叶桉:《中国共产党革命精神研究》,山东人民出版社2017年版。)

【思考讨论】

1. 厉家寨人是如何艰苦创业、改变穷山恶水的面貌的?
2. 厉家寨人的做法给当代大学生哪些启示?

【案例解析】

艰苦创业是沂蒙人民的特殊品格，是沂蒙精神的精髓，它体现了沂蒙人民不管在什么困难条件下，都能自力更生、坚韧不拔、艰苦奋斗、顽强拼搏的良好精神风貌。贫困的地理、自然条件和长期的文化积淀，造就了沂蒙人民吃苦耐劳、不屈不挠的精神品格。新中国成立后的社会主义革命和建设时期，面对恶劣的自然条件和生存环境，面对长期战争后经济的孱弱和"一穷二白"的社会现实，勤劳顽强的沂蒙人民并没有被吓倒，他们继续发扬战争年代那股劲、那种拼搏精神，自力更生、艰苦创业，在认识自然中改造自然，展开了一幅又一幅壮丽的画卷，创造了一个又一个惊人的奇迹，极大地改变了沂蒙地区贫穷落后的面貌。厉家寨就是沂蒙地区农业战线上最早涌现出的一个艰苦创业的先进典型。为战胜穷山恶水，厉家寨人发扬愚公移山精神，艰苦奋斗，克服各种困难，把上千块横七竖八的小地块改造填洼，控制了水土流失，农业生产连年丰收。

厉家寨人所体现出来的艰苦创业精神是中华民族的传统美德，是我们的传家宝，是开展社会主义现代化建设的精神财富。新形势下我们要实现伟大的中国梦，一定要继续继承和发扬这种艰苦创业的精神。

【教学建议】

本案例展现了厉家寨人在社会主义建设初期自力更生、艰苦创业，改变穷山恶水面貌的例子。在教学过程中，可通过本案例帮助学生了解社会主义改造理论，同时引导学生继承和发扬艰苦创业的精神。

本案例适用于《毛泽东思想和中国特色社会主义理论体系概论》第三章"社会主义改造理论"和第四章"社会主义建设道路初步探索的理论成果"的辅助教学；同时适用于《思想道德与法治》第二章"追求远大理想　坚定崇高信念"的辅助教学。

"继承发展　迈步向前"
思政课教学案例之七

——以九间棚人的故事为例

【案例正文】

九间棚村地处平邑县海拔 640 多米高的龙顶山上。清初,外地几户逃荒者来到龙顶山顶端,在山东南侧的石棚里住下来。到 1963 年,棚内分为 9 家,石棚被分隔成 9 间,九间棚便由此而得名。20 世纪 80 年代初的九间棚四面临崖,山高涧陡,地薄缺水,只有 1 条羊肠小道通往山外,可耕地面积仅百余亩,自然条件十分恶劣,群众生活非常艰苦,1983 年人均收入还不足百元。1984 年,刚 30 岁的刘嘉坤走马上任村党支部书记,为了改变贫困面貌,他带领全村 9 名党员和全体群众,自力更生,艰苦奋斗,架电、修路、引水、植树,用自己勤劳的双手,硬是在这块不毛之地上,创造了人间奇迹,一举改变了九间棚贫困恶劣的生产、生活条件,走上了致富之路,铸造了以"开拓进取,艰苦创业,坚韧不拔,无私奉献"为主要内容的九间棚精神,在全国树起了艰苦创业的一面鲜艳旗帜。九间棚成了新时期全国农业战线艰苦创业的典范。

刘嘉坤上任伊始,面对九间棚村所处的窘境,迎难而上,确立了以改变恶劣生产条件来促进发展的思路。他先后召开党员会、村民会统一思想,经过讨论,达成共识:1990 年以前,修通上山、下山的公路,户户用上电,家家吃上自来水,让龙顶山基本实现水利化,把所有的荒山绿化完。这就是九间棚人制定的架电、修路、整地、栽树的五年规划。

九间棚人首先从架电开始。架电需要资金,党员、干部带头集资,原党支部书记刘德敬拿出 500 元钱,党支部书记刘嘉坤把准备修房子的 200 元也用在了架电上。在他们的带动下,有的村民下山卖猪卖羊卖鸡蛋,有的村民走亲访友去借钱。3 天时间,全村就凑起了 1.26 万元,解决了架电急需的资金。山下的人怎么也不相信九间棚人能把电架上山,因为上山的路平时空手走都很难,要把十几米长的水泥杆抬上山,谈何容易!但九间棚人没有被困难所吓倒,他们找来绳子和木棒,一点一点把水泥杆往山上挪。木棍压断了就用肩膀扛,站着拉不动就趴下拖。一根根1800多斤重的水泥电线杆硬是被九间棚人用20天时间抬到山上。不足1个月,九间棚人就用上了电。

接着便是修路。刘嘉坤到城里请来技术员测量了上山、下山的路线。技术员扳着指头算账,全村劳力不干别的,光修通这条长3500米的盘山路至少要用3年时间,他劝刘嘉坤趁早打消修路的念头。可刘嘉坤决心已定,他把需修的路段按人承包到户,将最难修、最危险的路段全部留给党员干部。在修路的紧要关头,刘嘉坤干脆在石崖旁搭起个小棚子,白天开山,晚上值班,孩子病了也顾不上回家看看。在党员干部的带动下,村民们拼命苦干,奋战5个月,终于建成了1条6米宽、3500米长的盘山公路。整个工程用掉炸药1万多公斤,压断扁担300多条,磨秃了上千根钢钎。当第一辆汽车开上山顶时,人们一下子将汽车围得水泄不通,很多人都流下了热泪。

九间棚人有了电,有了上下山的路,接下来就要解决缺水的难题。九间棚山下3公里处有储水量丰富的卧龙泉。于是,刘嘉坤他们决定把泉水引上山,彻底解决九间棚的用水问题。可是,要想把卧龙泉的水引到300米高的山顶,就要建扬水站。建扬水站时,刘嘉坤和青年们用绳子拴住腰,绳子的另一头拴在悬崖上面的树根上,人吊在半空中打眼放炮。山风吹来,人在半空中荡悠得直打转。下去打眼的人起初还有点儿害怕,但一想到盼水的村民,想到快要干焦的树叶和庄稼,很快又稳定了情绪,一锤一锤地打起来。就这样,一座扬程102米的扬水站终于建成。建了扬水站,还要砌垒数千米长的防渗石渠。老党员刘德明自告奋勇,当起了修石渠的石匠头。他凭着帮别人盖房子学到的垒墙技术,带着一帮青年人干了起来。这些初学乍干的青年人,一不留神,手就被锤子砸破,鲜血直流,但没有一个人退却,一条防渗石渠很快就在龙顶山头修筑起来。经过全村党员和群众的奋勇苦干,九间棚人终于把3公里外的卧龙泉水引上了高山,彻底结束了九间棚村缺水的历史。有水后,九间棚人治理了2100亩山滩,整治了450亩耕地;栽植水土保持林8万亩,人均植树120余棵,过去的荒山秃岭变成了"花果山"。

九间棚人从最贫困的起点起步,勒紧腰带搞工程,没有向国家要一分钱,经过6年的奋斗,投资24万元,投工10万个,奇迹般创造出新时期的农业改造典范。到1989年,全村人均收入由80年代初的不足百元增加到800元,人均口粮

350公斤,从根本上解决了温饱问题,80%以上的农户看上了电视。到1995年,全村仅果品总产量就达30万公斤,人均纯收入每年以50%以上的速度递增。

随着盘山公路通到山外,九间棚人的观念也发生了转变。村里办起了石料厂、果品加工厂和养猪场,同时带起了一批运输专业户和畜牧业带头户,形成种植、养殖、加工的良性循环。从1991年开始,九间棚人立足山上发展农、林、果的同时,又先后在县城建起了花岗石厂、工程机械配件厂、塑料厂、金银花茶厂等企业,出现了"工业农业齐头并进,山上山下同步发展"的好局面,并且安排了几十名村民进厂务工,既转移了农村剩余劳动力,又增加了农民的务工收入。2005年,全村企业实现工业销售总值6 000多万元、利税500多万元,安置村民和社会人员162 500余人,职工人均年收入达到8 000余元。

为夯实发展基础,确保发展的可持续性,九间棚人还确定了"向创新要发展、向科技要发展"的新发展思路。1999年以后,在北京和平邑等地建立了9处农业科技园区,围绕优质农、林、果以及名优中药材新品种的开发和推广,特别是金银花的产业化,采取"公司+农户"形式,引导和带领农民走科技致富道路。九间棚农业科技园培育的"九丰一号"四倍体金银花新品种,通过了山东省科技厅科技成果鉴定和省林业局良种审定,达到了国际领先水平;培育的"雪青""青魁"两个新品种梨,获得了北京市精品梨公开赛的全部两项金奖,生产的优质果品已出口到中东部分国家和地区。九间棚人把国内、国际上最先进的农业新技术、新品种通过科技园区试验、示范和推广,并吸收本村和外地的农户到科技园区承包果园,学习农业新技术,使农业新技术、新成果得到了迅速推广普及,同时也促进了农民增收致富和共同富裕,有效发挥了科技园的示范、带动、辐射作用。九间棚农业科技园先后被临沂市政府命名为"全市农业产业化重点龙头企业"和"科技兴市先进集体",被山东省科技厅认定为"省级高新技术企业"。

通过艰苦创业,九间棚村已形成了"山上农业加旅游、县城企业、农业科技园"三大经济板块,建成"北京九间棚农业科技园""平邑县九间棚旅游有限公司""九间棚金银花茶厂"的"三个九间棚"格局。"三个九间棚"各有优势,"北京九间棚"是个很好的市场窗口,"平邑九间棚"使九间棚人走向了城市,"山上九间棚"人均占有土地、果树等资源因农村人口逐年减少而大大超过以前。"三个九间棚"相互促进,有力地增强了该村的综合实力。现在的九间棚村,已经发展成为一个集优质金银花及农林果苗木培育与推广、园林设计与绿化、建材和建筑工程装饰、生态旅游、金银花系列产品深加工于一体的综合性农业集团公司,形成了

"现代工业带动生态农业,生态农业促第三产业"的良性发展态势。九间棚花岗石厂、金银花茶厂等一大批村办企业红红火火,全村村民都搬进了县城、住进了楼房,劳动力基本都进企业务工,60岁以上的村民都办理了养老保险。2010年,九间棚村实现工农业总产值2.6亿元,全村农民人均年纯收入达到23 000元。九间棚村成为全国闻名的先进典型和富裕村。九间棚村依靠艰苦创业,立足于自己力量的基础上,克服困难,完成了前人未能完成的伟大事业。①

九间棚人的事迹,震撼了平邑,震动了山东。九间棚精神,受到党和国家领导人的充分肯定。自20世纪80年代后期,全国各地的干部、群众逾百万人先后来到九间棚,学习九间棚人的创业精神。上海电影制片厂摄制的以九间棚为原型的电影《沂蒙山》在全国播映,更使九间棚成为全国人民心目中的一面旗帜。

(资料来源:江楠:《沂蒙明珠:九间棚——访全国人大代表,山东省平邑县地方镇九间棚村支部书记刘嘉坤》,《现代企业文化》(上旬)2014年第4期;费聿辉、徐东升:《中国共产党革命精神系列读本——沂蒙精神》,中共党史出版社2018年版。)

【思考讨论】

1. 九间棚人是如何诠释九间棚精神的?
2. 当代大学生应该如何继承和发扬九间棚精神?

【案例解析】

九间棚,是一个村落,也是一面旗帜,更是一种精神。20个世纪80年代初,坐落于沂蒙老区海拔640米龙顶山上的九间棚村,由9名共产党员带领百名村民团结奋斗、顽强拼搏、坚韧不拔、艰苦创业,奇迹般地谱写出架电、修路、治水"三步曲",实现了高山水利化、天堑变通途、遍山飘果香,彻底改变了贫困恶劣的生产生活条件,铸造出闻名全国的九间棚精神,成为"沂蒙山区的一颗明珠"和全国农业战线上的一面旗帜。精神是力量,是魂魄。好的精神是好思想、好作风、好行为的体现。有了好的精神,才会有昂扬向上、知难而进、奋勇拼搏的工作状

---

① 郭丰荣、刘博:《九间棚的变迁》,《中国·城乡桥》,2006年第8期。

态;才会有珍惜时间的紧迫感和珍重职责的责任感;才会有争创一流、争当先进的毅力和韧劲;才能够迸发出开拓进取、永不言败的坚韧品格和创新精神。空谈误国,实干兴邦。在这样一个新的时代,崇尚的是实干精神,呼唤的是实干作风,需要的是实干行动。九间棚践行了这一优良作风,也传承发扬了这一优良传统。

依靠自力更生,艰苦创业,立足于自己的力量,克服困难,完成了前人未能完成的伟大事业,这就是九间棚精神,也是党和人民对九间棚人以及九间棚精神的肯定。九间棚精神,是沂蒙精神的生动体现。当代大学生应该继承和发扬敢于吃苦、勇于奋斗的九间棚精神。

【教学建议】

本案例展现了九间棚人自力更生、艰苦创业的历程。在教学过程中,可通过本案例帮助学生了解共产党员先进性建设的重要性,并引导学生继承和发扬艰苦创业的精神。

本案例适用于《马克思主义基本原理》第三章第三节"人民群众在历史发展中的作用"、第六章第三节"在实践中探索实现社会主义的发展规律"和第七章第三节"共产主义远大理想与中国特色社会主义共同理想"的辅助教学;同时适用于《思想道德与法治》第二章"追求远大理想　坚定崇高信念"的辅助教学。

"继承发展 迈步向前"
思政课教学案例之八
——以戚洪桂的故事为例

【案例正文】

一个普普通通的沂蒙山农家妇女,用柔弱却坚强的肩膀,在失去丈夫的沉重打击下,忍着悲痛,独自承担起家庭重担,奉养老人,含辛茹苦教儿戍边,心牵百姓生活,情系群众冷暖。她以蒙山石一般的坚强、沂河水一样的情怀,痴心爱国拥军,热心奉献百姓,谱写出新时期沂蒙红嫂拥军为民的感人新篇章。她就是被誉为"沂蒙新红嫂"的戚洪桂。

戚洪桂1947年出生在山东省临沂市费县张庄乡西龙岗村,是一位普普通通的农家妇女,在沂蒙淳朴民风的熏染和沂蒙大地从战争年代就已经形成的爱国拥军优良传统的影响下,她形成了勤劳善良、坚忍不拔、深明大义的个人品格,在平凡的人生历程中走出了一条不平凡的人生道路。

戚洪桂年轻时就是一个思想活跃、积极进取、要求进步的积极分子,曾经担任村里的团支部书记。那时她还有一个梦想,就是能够穿上军装当一个兵。但是在当时的社会条件下,她和大多数农村的年轻女子一样结婚生子,过着平凡的日子,担任村里的妇女主任是她主要的社会活动。但是她又有着不同于其他人的心胸和情怀,她坚信越是艰苦的地方越能锻炼人的道理。1991年10月底,她力排乡邻亲友的劝阻,毅然把18岁的小儿子林立波送到西藏边防部队服役。儿行千里母担忧,送走儿子的戚洪桂像所有母亲一样牵挂儿子,但是她对儿子说得最多的是安心服役,保家卫国。

天有不测风云,在儿子服役的第二年,她的丈夫林本营因病不幸去世。临终前,林本营对她提出的最后一个愿望就是见一面当兵的小儿子。可戚洪桂想到儿子在军营的学习、训练正处于关键时期,这件事情一定会耽误他在部队的学习和训练。为了不影响儿子,她含泪拒绝了丈夫的要求,为了安慰丈夫,她从家里拿来儿子的照片给丈夫看。最终,戚洪桂的丈夫带着深深的遗憾离开了人世。悲痛欲绝的戚洪桂没有把这个不幸的消息告诉儿子,为的是让他安心服役,一心保卫边疆。在丈夫去世后的三年间,她经常给儿子写信报平安,一直没有把丈夫去世的消息告诉儿子。每当儿子来信,她便把信拿到坟前眼含泪念给九泉之下的丈夫听。每当给儿子回信时,戚洪桂的双眼都会被泪水模糊了视线,她经常以泪洗面,而心中的苦却无人诉说。在这三年间,每年春节都她都在丈夫的坟前和他一起度过,"我丈夫自己在那里太孤独,太寂寞了,我得陪陪他。"戚洪桂曾经对采访自己的记者说道。从这里可以看出戚洪桂与丈夫的伉俪情深,但是她又从来没有后悔过自己的选择,把让丈夫带着遗憾离开的痛苦深深埋藏在了心底。在最艰难的时候,戚洪桂自己也曾经想到过放弃,可是每次想到家中的老人和孩子,她就又鼓起了勇气,激励自己必须坚强地活下去。

  失去丈夫后,戚洪桂一个人扛起了家庭的重担。辛苦的田间劳作、繁重的家务和照顾老人的担子就全压在了戚洪桂一个人身上,不久她便积劳成疾,住进了医院。当地政府向西藏边防部队反映了情况,戚洪桂知道后,担心儿子过度牵挂,就趴在病床上给部队接连写了几封长信,恳求部队保密,可以选个适当的时机再告诉儿子,并一定要替她这个当母亲的做好儿子的思想工作,坚决不能让儿子回来。三年后,儿子才得知父亲早已去世的消息,万分悲痛的儿子在千里之外的青藏高原朝着沂蒙山方向长跪不起,放声痛哭,并写信质问母亲"妈妈,你为什么不告诉我,为什么不让我看爸爸最后一眼,以报18年养育恩情!你为什么?!……"儿子的来信很多地方都有被泪水打湿的痕迹,戚洪桂悲痛欲绝,含泪连夜给儿子回信:"儿子,人死不能复生,你就不要回来探望了。家中再大的痛苦我一人承担,你一定要安心服役,干出成绩,报效祖国,为家乡父老争光,为沂蒙山人争光。"当儿子接到这封回信时,发自内心地喊出了:"妈妈,你是世界上最伟大的母亲!"

  戚洪桂作为沂蒙好母亲教子卫国的感动事迹,在西藏军区部队广为传诵。战士们纷纷以"您的儿子"名义给戚洪桂写信,捐款慰问这位可敬的母亲。一位战士来信写道:"我从小就没了母亲,您的事迹让我感动,让我流泪,您就是我的母亲。"戚洪桂收到这些信和钱物后,也被部队官兵的爱民之情所感动,决定要亲手为他们缝制鞋垫以表心意。于是她买来了20余丈布、80多个线团、1斤绣花球,经过60多个日日夜夜的飞针走线,用自己的心血,将沂蒙母亲对边防战士的深情厚爱缝制在150双鞋垫里,上面绣上了"精忠报国""建设边疆"。她还请人帮忙做了两面锦旗,绣上"军民鱼水情""恩重似海深",署名"沂蒙山区农妇",寄给了部队。

1995年,戚洪桂又带着自己亲手绣的300双鞋垫及两面绣有"高原亮节,雪域浓情"和"情牵沂蒙,心系珠峰"的锦旗及沂蒙山特产,连换8次车,不远万里来到西藏军区看望那里的战士们,受到了部队官兵的热烈欢迎。在那里,她为西藏部队义务服务50多天,为战士们洗缝补衣服160多件。在这期间,戚洪桂做事迹报告6场,听报告的官兵有6 000余人次。她在经济比较拮据的情况下买礼品看望了两位藏族老人,还代表沂蒙山人民向藏族的米林小学捐款100元,在援助拉渠雪灾中捐款100元。戚洪桂为藏族同胞带去了沂蒙山人民的深情厚谊。从此,戚洪桂走上了爱国拥军的新旅程,不仅用实际行动尽自己的微薄之力拥军优属,更重要的是在精神上给了人民子弟兵无比的关怀和鼓励。

2007年,为庆祝中国人民解放军建军80周年,60岁的戚洪桂不顾年老体弱,经过300多个日日夜夜的飞针走线,赶制了800双鞋垫,将绣有"军民一家""精忠报国""建设边疆"等字样的鞋垫亲手交到首都国旗班子弟兵手中。提到做鞋垫,戚妈妈曾经自豪地说:"现在做鞋垫都不用看,光凭手感就能很快做出来。"戚妈妈自己也不知道自己到底做过多少双鞋垫,但是这些鞋垫都纷纷送到了解放军战士们手上。战士们收到鞋垫和锦旗,读着戚妈妈的一封封回信,深受鼓舞和教育。一些找理由请假探家的战士主动打消了念头,平时训练叫苦叫累的战士变得积极主动,训练上更加刻苦认真,广大官兵纷纷表示要向这位平凡而又伟大的母亲学习。儿子林立波在戚洪桂的教育鼓励下不断成长,先后被评为"训练标兵""优秀班长",并逐步提升为营长。

戚洪桂的先进事迹被中央、西藏等各大媒体宣传报道。省、市、县和西藏军区多次授予她各种荣誉称号和奖励。1994年4月,西藏军区某部授予她"义务兵好母亲"荣誉称号。1997年,她被临沂市妇联授予"沂蒙十佳新红嫂"荣誉称号。戚洪桂用自己的行动赢得了社会的尊重,用自己的爱心赢得了人民子弟兵的衷心爱戴。

戚洪桂拥军爱民、无私奉献的精神还表现在对自家老人的精心照料上,体现在一件件平凡的小事上。丈夫去世后,公公就重病卧床不起,婆婆又患上了肝炎,这对这个困难的家庭无疑是雪上加霜。戚洪桂没有被困难压倒,更没有嫌弃老人,她用柔弱的肩膀挑起了家庭的重担。白天,她用独轮车推着婆婆到8里外的上冶医院就医,晚上赶回家为公公熬药,在她家通往医院的路上不知留下她多少艰难的足迹。她起早贪黑,除了做好耕种 5 亩责任田、喂猪、喂鸡等日常家务外,还要服侍年迈多病的老人。繁重的劳作,超负荷的运转,丝毫没有削减她的孝心。公婆有病,她日夜守护着,喂汤喂饭,洗脸洗脚,两位老人日渐康复,而她却越来越消瘦,公婆感激得逢人就说:"俺们两口子如今能活在世上,多亏有个好儿媳。"戚洪桂的婆家娘舅是一个无儿无女的五保老人,她本可以替老人向当地政府申请入住敬老院,但戚洪桂没有这样做,她首先想到的是尽己所能,为国家、为集体分担忧愁。在照顾公婆的同时,戚洪桂还要照顾安排好婆家娘舅的生活起居,为他养老送终。戚洪桂的孝行乡亲们看在眼里,记在心里,对她充满了敬佩和感动。2012 年在临沂市举行的第三届"十大孝星"评选活动中,戚洪桂以高票当选。同年 10 月 26 上午,在中国临沂第二届孝文化节开幕式上,戚洪桂接受了表彰。戚洪桂用爱国拥军的大义情怀赢得了社会的认可和人民子弟兵的爱戴,用对亲人的挚爱和奉献赢得了人们的尊敬。

  戚洪桂的无私奉献精神还体现在她对公益事业的热心付出上。她所在的西龙岗村严重缺水,制约着经济发展。1997 年,她忍着严重的双脚跟骨刺疼痛,为村里请来技术员设计引水工程。为解决工程经费问题,她动员大家积极自筹资金,并主动去市、县有关部门争取专项扶持资金 10 万元。为珍惜这份"巨款",她吃住在工地,不多花一分"冤枉钱"。上天不负苦心人,工程队终于在村西岭打出一眼 200 米深的水井,彻底解决了村西几百亩果园的灌溉用水问题。她还和村干部一道,请技术人员设计路线引水进村,将自来水铺架到户,解决了 100 多户群众的生活用水问题。为了治疗村里人的结石病,戚洪桂徒步走遍了费县所有地方查病原,为村民服药,因此有了"铁姑娘"的称号。

(资料来源:王春梅、方艳:《沂蒙红嫂故事选》,济南出版社 2019 年版。)

【思考讨论】

1. 从戚洪桂的事迹中我们能够感受到一种怎样的精神?
2. 这种精神给予当代大学生怎样的启示?

【案例解析】

  戚洪桂只是一个普通的农村妇女,在她那里没有华丽的辞藻,也没有刻意的作秀,有的只是她朴素的爱国情怀、对亲人质朴的感情和发自心底的善良,呈现在人们面前的是她无比的坚强。她用自己点点滴滴的平凡小事续写着感人的"红嫂"故事,彰显着新时期沂蒙女性宽厚、善良的品性和爱国拥军的大义情怀。她无愧于"沂蒙新红嫂"的称谓。

戚洪桂作为一名新时期的沂蒙红嫂,传承了爱国拥军、无私奉献的沂蒙红嫂精神,她的事迹可歌可泣、催人奋进,令所有人感动。她胸怀国家,送儿入军营保家卫国;她心系子弟兵,是一位温暖慈祥的兵妈妈;她勇挑家庭重担,是一个好儿媳;她造福乡民,用"铁姑娘"的劲头成就自己的大爱无疆。平凡而又伟大的沂蒙红嫂,是中国妇女的典型,是中国妇女的骄傲,是世界上最伟大的母亲!

【教学建议】

戚洪桂用爱国拥军的无私奉献精神,续写了新时期爱国主义的新篇章,也在无私奉献中实现了自己的人生价值。

此案例适用于《思想道德与法治》第一章"领悟人生真谛　把握人生方向"和第二章"追求远大理想　坚定崇高信念"的辅助教学。

"继承发展　迈步向前"
思政课教学案例之九

——以好妈妈胡玉萍的故事为例

【案例正文】

胡玉萍1922年出生于沂南县和庄村。作为一名普通的共产党员、农村妇女,她没有惊天动地的壮举,却用一生执着的奉献,谱写了一篇朴实无华、感人至深的爱国拥军之情。

胡玉萍1992年被辽宁省委、省政府、省军区授予"拥军优属模范个人""模范共产党员""学雷锋标兵"等光荣称号,1995年被中央军委、国家民政部授予"全国爱国拥军模范""爱国拥军好妈妈"等光荣称号。1999年,胡玉萍受邀参加中华人民共和国成立50周年庆典,受到党和国家领导人的亲切接见。2007年8月20日,在北京人民大会堂重庆厅隆重举行的《感谢人民——激励军营80年》"十大爱国拥军新闻人物"评选的揭晓颁奖仪式上,已故的胡玉萍荣获"十大爱国拥军新闻人物"特别奖。一位平凡的老人,在活着的时候被人们尊敬和爱戴,在去世之后被人们不断地缅怀,她究竟是怎样的一个人?让我们去感知她感人至深的事迹,去体会一个农家妇女大爱无私的思想境界。

年轻时的胡玉萍就与人民子弟兵结下了不解之缘,与许许多多沂蒙红嫂一样为革命奉献出了自己的热火青春。在抗日战争时期,为了方便八路军伤员治疗,新婚第二天的胡玉萍就把新房腾出来让伤员疗伤,并亲自为伤员端水做饭。这在贫穷闭塞的沂蒙农村山区,有这样的胸襟和勇气是难能可贵的。解放战争时期,孟良崮战役打响后,她把16岁的弟弟送到部队,又把丈夫送上前线抬担架,自己带领村里的妇女在后方烙煎饼、缝棉衣、做军鞋和护理伤员,成了当地有名的支前模范。

新中国成立后,胡玉萍积极参加生产劳动和文化学习,把村里10多户烈军属的生活包下来,给他们多方面的帮助。在抗美援朝时期,胡玉萍把家里多年攒下的 500 斤大豆捐献出来,又动员兄弟姐妹凑足 1 500 斤粮食捐献给国家。1965 年,她光荣地加入了中国共产党。1968 年,她步行 20 多里路到县城把二儿子送到部队,一年后,又想方设法把已经参加工作的大儿子送往部队。1974 年,胡玉萍花 300 元钱买了棉花、花布准备给儿子结婚用,路过烈属刘大娘家时,看到刘大娘的 3 个孙女还没穿上棉衣,就把棉花、花布留了一部分给刘大娘。这一天,她走访了十几家烈军属、五保户,把棉花、花布全部分给了他们。

在胡玉萍的晚年,她还坚持用自己的双手创造财富,奉献军营,奉献社会。1978 年,胡玉萍在部队的两个儿子先后转业到辽宁抚顺,她便随两个儿子到抚顺安家落户。到抚顺后,胡玉萍并没有就此颐养天年,又和"雷锋团"的官兵结下了深情厚谊。她把子弟兵当成亲人,把部队当作自己的家,不顾年老多病,尽力为部队奉献爱心。她从 1988 年开始养猪,费尽千辛万苦,为的是送给部队和烈军属。十几年来,她养猪超过 300 头,大部分献给了部队,一部分送给了烈军属以及她所在的西葛联社。她用卖猪的钱为部队战士买了 1 万多元的书籍,为敬老院买了一台彩电。1989 年,西葛联社分给她一套二室一厅的住房,当她得知一位退伍军人没有住房时,毅然将住房无私地让给了那位退伍军人。胡玉萍每年都到抚顺市驻军单位作革命传统报告,就连海拔 1 000 多米的高山哨所,她都去过不止一次。胡玉萍把创造的财富都奉献了出去,自己却过着简朴的生活。

胡玉萍不仅是一位有着深厚爱国拥军情怀的老人,还是一个热爱生活、有着丰富生活追求和乐趣的人。通过记者的采访,我们能看到一个积极、乐观、幽默、乐于接受新事物的胡玉萍。也许正是这种生活态度,使胡玉萍能够几十年如一日,致力于爱国拥军,向社会奉献爱心。

胡玉萍爱画画。在胡玉萍家的墙上,除了锦旗,就是各种各样的画。花、草、虎、牛,都是胡玉萍画的。画上还标明了作画日期,有 80 年代的,也有 90 年代的,上面多有题文,内容大致是为谁画和为何画。画画、剪纸以及编顺口溜都是她由来已久的业余爱好。胡玉萍还津津乐道地向记者介绍她画虎的创作构思,因为虎是百兽之王,胡玉萍希望人们像它一样浑身有力,为党、为民多做贡献……从作画的这些构思中,我们可以看到老人的心境,可以看到她最朴素的道德情怀。

胡玉萍是宽厚幽默的。1995 年底,胡玉萍被猪咬伤了额头。当记者问她:"猪,吃你的,喝你的,还咬你,你不恨?"胡玉萍替猪辩解道:"恨啥? 不能怨它,护崽子,也通情理,该喂好的,俺照样。"对猪,胡玉萍可谓无怨无恨。喂它们,是为了支援亲人解放军。那些年来,逢元旦、春节,都有成猪出栏,老人怎能忘记当她把猪送到营房时解放军列队欢迎的一幕幕鱼水情深的动人情景?胡玉萍,对无言的牲畜,也极力念及它们的好处。从记者的这些描述中,我们看到一个幽默甚至有点俏皮的胡玉萍。

胡玉萍也会赶"新潮流"。那年胡玉萍应邀进京参加国庆观礼庆典时,见到了瞿秋白的女儿,她年龄虽长却不减青春活力。人家在大庭广众之下,该唱时,就歌喉婉转,到跳时又舞姿翩翩,被与会者啧啧称赞,那风采在胡玉萍心底留下了深深的印象。"俺咋不会呢?"老人自问,且产生了不甘落后的念头。再说,当了模范,也不是不食人间烟火,要贴近群众,变得活泼些会更有益处,就算有人议论"老有少心",可那也是"革命人永远是年轻"的另一种说法。只要能跟更多的人打成一片,这舞就学得有价值。于是,跳舞成了胡玉萍晚年的爱好。这位小脚老太太学起了跳舞,先学朝鲜族舞蹈,再学交谊舞。她的舞蹈老师是与联社隔院的邻居,那是一位能歌善舞的朝鲜族老太太,教她很有耐心。学朝鲜族舞蹈只是开始,还要学交谊舞,她的目标是:当与老姐妹们相聚时,自己不再只是观众,而要走入舞池,与大家一起跳出个"花好月圆"。从这件事中我们看到了一个思想活跃、热爱生活、乐观豁达的胡玉萍。

胡玉萍更懂得感恩。滴水之恩,当以涌泉相报。珍视传统美德的胡玉萍从不计较自己为社会、为他人做出多少贡献,却将各方面对她的关心、支持铭记于心,感恩戴德。在抚顺,胡玉萍成为"雷锋的传人"和"雷锋精神"的代表人物。各级政府关心她,群众爱戴她,来自各方面的情意,让她无时不感到温暖。西葛联社除多年为胡玉萍提供"双拥活动站"、住房、猪舍外,还给老人发养老金,负责终身养老;抚顺市市委、市政府和驻地部队定期为老人检查身体、免费治病等。对这些,胡玉萍念念不忘,经常表示谢意。"过去围着锅台转,如今登上主席台,与领导、首长们坐到一块儿,再不做贡献,可对不住大家,"她说,"得活九十九呀!"话虽简短,我们却能体会出胡玉萍老人要继续为社会做贡献的迫切心情。

(资料来源:徐东升、费聿辉:《沂蒙精神与社会主义核心价值体系研究》,中央文献出版社2012年版;王春梅、方艳:《沂蒙红嫂故事选》,济南出版社2019年版。)

【思考讨论】

1. 胡玉萍的行为体现了她怎样的人格和品质？
2. 胡玉萍的事迹给当代大学生怎样的启发？

【案例解析】

一个人不论职务高低，年龄大小，物质财富多少，只要对祖国、对人民怀有赤诚之心，就会殚精竭虑，奉献自己的一切。论职务，胡玉萍只是一名普普通通的共产党员、农村妇女，手中几乎没有什么权力；论物质财富，她并不富有。但正是这样一个人，把奉献作为自己人生的主旋律，不图名不图利，自觉地为党分优，为民解难，为子弟兵献爱心，甘当无私奉献的带头人。胡玉萍几十年如一日，为党和国家、为人民和军队默默地做着奉献，每行一步都留下了共产党员闪光的足迹。

胡玉萍践行了自己"奉献一次，幸福一次；奉献一生，幸福一生"的奉献观。胡玉萍曾经表达过这样的信念：国家建设就像住家过日子，都动手贡献，光景就红火。这是多么朴素而又深刻的爱国主义的表达。如果我们每一个人都能像胡玉萍那样，为祖国的建设添砖加瓦，祖国必将日益富强、繁荣昌盛。

【教学建议】

胡玉萍的一生是奉献的一生，她爱祖国、爱人民子弟兵；她一生清贫，却有着乐观、豁达的人生态度和追求。她用自己的行为赢得了人们的尊重和热爱。

此案例适用于《思想道德与法治》第一章"领悟人生真谛　把握人生方向"和第二章"追求远大理想　坚定崇高信念"的辅助教学。

"继承发展　迈步向前"
思政课教学案例之十

—— 以"新红嫂"朱呈镕的故事为例

【案例正文】

她是一个让一大批下岗职工重新捧上饭碗的人;一个无私奉献社会而不求回报的人;一个用爱心无数次帮助别人的人;一个获得过许许多多荣誉的人;一个走边关、上海岛、下基层,足迹踏遍大半个中国,走访慰问官兵,被千百名官兵亲切地称为"兵妈妈"的人。她就是新时期的沂蒙红嫂朱呈镕,她用坚韧不拔的创业精神、博爱无私的奉献精神,用对人民子弟兵真挚的爱续写了沂蒙红嫂爱党爱军的新传奇。

朱呈镕从一个下岗职工到朱老大食品有限公司的掌门人,一路走来,用自己永不止步的创新精神成就了一段成功的创业史。

朱呈镕,1954年9月出生,临沂市兰山区人,1994年8月入党,山东朱老大食品有限公司党委书记、董事长,2012年全国创先争优优秀共产党员。朱呈镕从一个下岗女工到创业成功,本身就是一个励志传奇。但朱呈镕成功后不忘回报社会,体现了一位成功企业家的责任担当;朱呈镕爱党拥军,续写了沂蒙红嫂的奉献精神。

朱呈镕出生在山东省临沂市的一个普通工人家庭,高中毕业后她进入大型国企临沂市毛毯厂成了一名推销员。在1997年之前,朱呈镕也算是一位风云人物。她在毛毯厂做了近20年推销员,由于大胆敢闯,她的业绩一直高居第一,不少人暗地里称她为"销售女王"。1997年由于工厂效益不好,需要大量裁员,朱呈镕这位"销售女王"在43岁时下岗了。

下岗之后的朱呈镕也有过彷徨和郁闷,她曾经在沙发上坐着、躺着整整七天七夜,一方面想不通自己为什么下岗,一方面又为今后的出路伤脑筋。就在她为找不到出路而烦恼的时候,她在电视上看到了"沂蒙红嫂""沂蒙六姐妹"的事迹,被她们几十年如一日拥军支前的故事深深地感动了,她们博大的爱心、对党的无限忠诚以及无私奉献的精神教育着、激励着朱呈镕。在蒙阴,支前模范"沂蒙六姐妹"讲述了子弹从头顶嗖嗖飞过的经历;在兰山,山东红嫂李桂芳叙说了当年用身躯搭"人桥"让部队快速通过的场景;在莒南,红嫂梁怀玉为激发村里青年参军入伍,承诺谁第一个报名参军就嫁给谁的故事……"沂蒙红嫂"不畏艰难,踊跃支前,为新中国的成立付出了巨大的牺牲。她们用乳汁救伤员,与她们相比,下岗算什么。朱呈镕不由得暗下决心要向她们学习,百折不挠,艰苦创业,争做新时期的沂蒙红嫂,重新树立自己的人生目标,找回自己的人生价值。

做什么好?她想,要选就选临沂还没有的行当,做第一。由于做业务的几年中,朱呈镕大江南北地跑,眼界比较开阔,很快她就找到了自己的创业项目。她看好了三轮车运营。临沂是个小商品集散地,这让她一下子想到了浙江义乌:数不清的作坊、数不清的小商品,还有数不清的人力三轮车,载着来自各地的商客穿梭于大街小巷。

1997年12月24日,她购进了50辆人力三轮车,办起了"运达三轮车出租公司"。开业那天,她贴出告示,站在了临时支起的办公桌前,身后是一排排的人力三轮车。但在临沂人的心里,面子比肚子重要。下岗工人虽然很多,但没有人愿意放下面子去蹬三轮。"与其让车烂了,不如给人白用!"朱呈换上工装,蹬着三轮车又开始了她的"推销"。她到下岗工人多的厂子去动员,找下岗的亲戚同学帮忙,不要租金,不收管理费。可是,没几天,人们就纷纷来退车,原因很简单,嫌蹬三轮丢人。

于是,朱呈镕给他们每人配发了一副太阳镜,一顶帽子。让他们改头换面去蹬三轮。但看的人多,坐的人却很少。为了提高下岗工人的信心,她一咬牙,自己掏钱雇了一批"乘客"。每天,她把兑换好的零钱发给每个"乘客",再由"乘客"把钱付给员工。一个月下来,朱呈镕贴进去近万元"乘车费"。但员工们有了收入,临沂人也接受了人力三轮车。不久,三轮车出租公司的运营逐步进入正轨,规模也逐渐扩大。

那几年,朱呈镕也成了一个成绩不错的小老板。但是她一直希望能够寻找到一个项目,把自己的事业做大。机遇垂青于有准备的头脑,一个偶然的机会,实现了朱呈镕想做大事业的梦想。

1999年10月21日,朱呈镕到山东省平邑县走亲戚,偶然路过一片山楂林,看到有个老农光着膀子在砍山楂树,原来平邑前几年大量种植山楂树,导致每年都造成山楂过剩,卖4分钱1斤都没人要,只能卖到2分钱1斤。因为赔钱,他只好把树都砍了改种别的作物。

朱呈镕想:这山楂可是做糖葫芦的好原料啊,就算自己做不出来,说不定临沂有人要,自己干脆冒点风险,帮帮这位可怜的大爷吧!朱呈镕当下和老农以0.05元1公斤的价格谈妥,并留下地址和电话,付了200元钱的定金,让老农把他种的山楂直接送到临沂。

第三天,4辆大拖拉机给朱呈镕送来了9 000公斤山楂。朱呈镕看着眼前堆成小山一样的山楂犯了愁。她白天走访一些做糖葫芦的小作坊,晚上就自己在灯下忙碌。这期间,她发现北方有那么多做糖葫芦的,却几乎没有人真正把糖葫芦当成一项事业来做。比如所有的糖葫芦竟然都是有核的,为什么没人为顾客着想一下去了核呢?大家爱吃糖葫芦,无核的肯定比有核的更受欢迎。这么一想,她就发动丈夫、孩子跟自己一起做。晚上,孩子挖核,丈夫做小竹签,她就熬冰糖。

用了将近3个月的时间,朱呈镕终于做出了自己的第一批无核冰糖葫芦。2000年春节时回娘家,她什么礼物都没带,就带着自己做好的一箱冰糖葫芦,想让家人评价一下味道如何。别的人倒没啥感觉,可她的大姐岁数大了,装了假牙,没想到这糖葫芦吃下去,愣是把大姐的假牙给粘掉了。大姐很生气,呵斥她:"自己家人吃了都不行,你还想卖给别人?"

难过归难过,回到家后,朱呈镕就琢磨:怎么会把大姐的牙给粘掉了呢?肯定是糖熬的火候不对。但糖熬嫩了就粘牙,熬老了就发苦,怎么才能把握好火候呢?她突然想到有一位熟悉的大师傅,他做的拔丝山药在当地很有名,做这道菜也有熬糖这一工序。于是,她找上门请教,可那位师傅说什么也不愿意把这技巧告诉她,但她还是设法搞清楚了熬糖的温度。

回家后,朱呈镕反复试验熬糖温度。上天不负苦心人,她终于做出了既不粘牙又不发苦的无核冰糖葫芦。试验成功后,朱呈镕信心大增,决定继续研制糖葫芦。有一次,看到儿子吃的月饼,她突然灵机一动:这糖葫芦是无核空心的,难道里面不能填充一些东西?在丈夫的帮助下,她给糖葫芦去核的地方填充了巧克力、果酱甚至熟鸡肉、牛肉等等。她把夹心糖葫芦再拿给大姐和父亲一尝,果然大家都说好!

当年,朱呈镕就注册了"朱老大"的商标,丈夫又贷款5万元帮她在山东联系了一家包装厂,生产了一批印有"朱老大夹心冰糖葫芦"字样的包装袋子。她用贷款的钱专门租了一间大房子,添置了生产设备,雇了几个人,开始了自己的事业。产品上市仅仅一天,几百支夹心冰糖葫芦全部卖光!

"朱老大"的名声很快就在临沂的大街小巷传开,后来又传至省内外的大中城市,常常有人说:"来串'朱老大'吧。"人们见了朱呈镕,也总是朱老大长朱老大短的,朱呈镕的真名倒被人们渐渐地淡忘了。对于这种奇妙的变化,朱呈镕不仅不气恼,反而很高兴,因为她已经敏锐地感觉到:"朱老大"作为一个商业品牌,已经为广大群众所普遍接受和喜爱,是一种潜力巨大的无形商业资本。但只有在全国迅速寻找到稳定的经销商和代理商,建立自己的销售网络,才能尽快占领各地的冰糖葫芦市场。从那一年冬天开始,朱呈镕就招募人员,奔赴全国各地进行推销。经过努力,"朱老大"夹心冰糖葫芦渐渐在山东、江苏、浙江、湖南、四川等10多个省发展了100多家经销商和代理商,基本形成了完整的销售网络。

朱呈镕和她的一班人马先后推出了一系列"朱老大"夹心冰糖葫芦精品。他们借鉴冰糕的包装技术,实现了夹心糖葫芦的精美包装;同时还针对传统冰糖葫芦不易保存的特点,成功研究开发了不化糖的新品夹心冰糖葫芦。该类新品最大的特点是能在常温下保持3个月不化糖,并且不影响产品的内在质量和口感。新品一上市就大受顾客青睐,并很快成为人们争相品尝、馈赠亲友的美味小吃。

朱呈镕的产品以其独特配方、新颖创意、精美包装和爽脆口感,深受城乡广大消费者的青睐,不仅被中国食品博览会推荐为名牌产品,还被国际风筝联合会指定为专用产品。

随着"朱老大"夹心冰糖葫芦在全国热销,朱呈镕又趁势借助"朱老大"的名声开发了其他新产品。很快,她的30多个品种的"朱老大"速冻水饺就推向了市场,在临沂地区日销售量达到8吨,连上海市也有400多家超市热销。当她的"朱老大"饺子村开业时,全国立刻有20多家饭店要求加盟。

2001年3月,朱老大食品有限公司正式成立。朱呈镕这个昔日在凛冽刺骨的寒风中沿街叫卖的"下岗嫂",经过十几年的打拼,终于坐到了包括冰糖葫芦厂、速冻水饺加工厂、饺子村、三轮车出租公司和夕阳红老年公寓等5家企业老总的位子上。

公司成立后,朱呈镕的企业继续如一列开足马力的火车,高速地行驶着。几年的时间,朱呈镕的企业已经拥有固定资产2 000多万元,企业职工1 500多名,年销售收入达到几亿元。对未来,朱呈镕信心满怀:"今后的发展路子,仍旧是依靠夹心冰糖葫芦,将'朱老大'品牌叫响叫红全中国,最终走出国门,走向世界。"

说起朱呈镕,在全国许多部队的官兵心中,那可是响当当的"兵妈妈",拥有 2 000 多位"兵儿子"的朱呈镕用 10 多年的时间,走访慰问了 139 支部队,足迹遍及祖国的天南地北,为各地官兵赠送鞋垫 3 万多双,送水饺 100 多吨,作报告近百场,累计捐款捐物超 1 000 余万元。作为山东朱老大食品有限公司的党委书记、董事长,自从走上拥军路之后,她对公司的付出就再也比不上她的那些"兵儿子"们了。为什么对人民子弟兵有着这么深厚的感情?朱呈镕曾经告诉记者,除了受到红军爷爷的影响,更重要的是她在创业之初,一位军人对他的帮助。

"那是在考察学习加工水饺的时候,"朱呈镕说。在吉林拜访名师期间,一个偶然的机会她认识了一位山东籍的解放军战士,这位解放军战士在她几乎身无分文的时候,帮朱呈镕把一车水饺运回了临沂,而回到家乡的朱呈镕为了感谢人民解放军的帮助,把千辛万苦运来的水饺全部送到了驻临沂的多支部队中。"这是我真正意义上拥军路的开始,"朱呈镕说。从那以后,朱呈镕坚定不移地走上了拥军优属这条路。哪里有子弟兵,哪里有军烈属、老红嫂,哪里就会有她的身影。

2003 年非典疫情期间,朱呈镕从电视上看到北京小汤山医院有位女战士不幸感染了非典,牺牲前连一盒盒饭都没有吃完。她心疼不已,当时就安排车辆,连夜出发,把 5 000 公斤水饺送到北京小汤山医院。部队的首长和战士们都感动了。一位首长紧握着她的手,亲切地问:"朱总,你不害怕吗?"她说:"首长,我没想那么多。"首长说:"战争年代老区人民拥军支前,和平年代小汤山医院还牵挂着老区人民的心,这每一个饺子里都包含着老区人民的深情厚谊。我们吃了这些饺子,更加有信心战胜非典。"

2008 年,我国南方发生了严重雪灾。人民子弟兵抗击雪灾的精神感动着每一位中华儿女。通过媒体报道,朱呈镕了解到人民子弟兵抗击雪灾的事迹后,为了让子弟兵能过上一个温暖祥和的春节,让他们能够在合家团圆的除夕夜吃上热气腾腾的饺子。2 月 4 日,朱呈镕带领公司员工连夜奔赴河南信阳,经过近 800 公里的行程终于在大年三十下午 4 点到达了部队,给战斗在抗灾一线的人民子弟兵送去了承载深情厚谊的 5 吨水饺和 60 箱汤圆,受到了 2 400 名官兵的热烈欢迎,很多士兵热泪盈眶,亲切地喊她"兵妈妈"。

在朱呈镕慰问"鸭绿江畔好五连"官兵时,部队政委给她介绍一位战士:"朱大姐,他叫张晓峰,三四岁就没了爹娘,将来退伍了,一个孤儿,去哪里好呢?"她想了一下说:"要不就交给我吧,我做他的妈妈,给他安排工作,给他一个家……"

回家以后，朱呈镕买了衣物寄到部队，晓峰收到后给她发来短信："朱妈妈，你给我寄来的东西我收到了，我亲身体会到有妈就有爱，有妈就有温暖，有妈就有家。请妈放心，儿子一定好好干，把全部精力献给国防事业。"

2011年6月6日，作为沂蒙新红嫂的朱呈镕与"沂蒙六姐妹"代表伊淑英、张玉梅等9人向武警北京总队十四支队国旗护卫队的官兵们赠送由他们新老红嫂一针一线亲手绣制的90平方米的巨幅党旗和绣有"永远跟党走"五个大字的横幅，党旗长12米、宽7.5米，共90平方米，寓意党的90岁生日。

支队政委代表支队党委和官兵向红嫂们表达了节日的祝福和感激之情，"赠旗活动既是红嫂对我们这支部队的厚爱和肯定，也是对我们的鼓励和鞭策。"官兵们纷纷表示，"我们一定要认真学习和传承红嫂们的崇高品质，把各位红嫂对我们的无限真情转化为强大的工作动力，锐意进取、开拓创新，努力把部队建设成为听党指挥、服务人民、英勇善战的忠诚之师、文明之师、威武之师，为首都的繁荣稳定做出新的更大的贡献。"

朱呈镕始终认为拥军最重要的是为官兵送精神、送文化，"我生长的沂蒙老区，从小就听沂蒙红嫂的故事，现如今，我要把我了解、知道的这些感人的事迹和优秀的精神，传递到广大官兵的心中。"通过朱呈镕在部队所作的近百场报告，不知道有多少战士深受沂蒙精神和红嫂精神的激励，将沂蒙母亲王换于、用乳汁救活伤员的红嫂明德英、用身体架起火线桥的李桂芳的感人事迹牢记心头。

一人拥军红一点，人人拥军红一片。为动员社会各方更多的力量加入拥军队伍，早在2009年，朱呈镕便筹集资金28万余元，组织起由43家企业负责人组成的临沂市拥军优属协会，她被选为协会常务副主席。这也是山东省成立的第一家拥军优属协会。全国"爱国拥军模范"贾美荣、"沂蒙新红嫂"戚洪桂、"感动雪域边关十佳兵妈妈"胡艳红等一大批"红嫂"也都加盟到拥军优属协会的行列。朱呈镕发动大家送科技、送法律、送文化到军营，开展"一帮一""多帮一"活动，帮助军烈属脱贫致富。如今，参加拥军优属协会的已达到200多人。每每看到这么多热心人关心支持拥军工作，朱呈镕深深感到，只要人人都献出一点爱，全社会拥军的氛围就会越来越浓厚。

作为红嫂精神的传承者，朱呈镕坚定了一个信念：拥军永远无止境，拥军永远不下岗，生命不息，拥军不止。

朱呈镕特别关心下一代的成长，她曾经告诉记者她很想组织沂蒙红嫂为青少年学生作事迹报告，让红嫂精神激励他们健康成长。朱呈镕还曾经到山东大学、临沂大学等高校作过创业事迹报告,她希望现在的大学生就业,首先要把自己的起点降低,鼓励大学生自主创业,把自己在大学里学到的东西用到自己的创业中。她也想把自己的企业再做大做强,更好地回报社会。

她还想拍一部电视连续剧,初步命名为《沂蒙母亲》,想通过这样一部电视连续剧对红嫂精神进行更好的传承和发扬。作为沂蒙母亲、沂蒙新红嫂的朱呈镕,她说她最欣赏老红嫂王换于,欣赏她在革命战争年代为人民无私奉献的一切。朱呈镕说,在革命战争年代,沂蒙妇女在党的领导下,母送子、妻送郎、姐姐妹妹送兄弟,相继把20余万名青壮年送给到了人民军队,并勇敢地挑起了生产、支前的重担。她们做军鞋、缝军衣、烙煎饼、护干部、救伤员,用汗水、用乳汁、用鲜血浇铸了无私奉献的历史丰碑,红嫂精神实际上是沂蒙妇女伟大母爱的体现。

朱呈镕常说自己只是做了一点点力所能及的事情,却得到了各级领导和社会各界的肯定和称赞。在她个人成长及企业发展中,各级党组织、政府、老区促进会及其妇工委等有关单位都给予了倾力的关心和支持,给予她许许多多的荣誉。她先后被授予"全国创先争优优秀共产党员""全国老区妇女创业创新标兵""山东省爱国拥军模范""山东省三八红旗手""山东省十佳兵妈妈""沂蒙新红嫂"等荣誉称号,并当选为中国妇女第十一次全国代表大会代表、临沂市第十二次党代会代表、临沂市第十八届人大代表等。

(资料来源:王春梅、方艳:《沂蒙红嫂故事选》,济南出版社2019年版。)

【思考讨论】

1. 朱呈镕的拥军路体现了当代企业家怎样的社会责任感?
2. 朱呈镕的创业历程给当代大学生哪些启示?

【案例解析】

朱呈镕从下岗到创业成功,本身就是一个励志传奇。在她的创业历程中,我们能看到她对理想信念的坚守、勇于面对和克服困难的勇气、善于捕捉市场信息的睿智。正是这些优秀品质铸就了她人生的辉煌。朱呈镕成功后不忘回报社会,体现了一位成功企业家的责任担当。她让一大批下岗职工重新捧上了饭碗,让许许多多的年轻人走向了就业岗位,把关爱洒向了许许多多的老人……她无私奉献社会而又不求回报，一个热心人温暖了千千万万的人。从她身上我们看到了当年"沂蒙六姐妹"的影子。

朱呈镕用自己的拥军路，在新时期再一次彰显了沂蒙红嫂拥军爱民的大义情怀。她是新时期的沂蒙红嫂，更是伟大的沂蒙母亲，她用沂蒙女性伟大的母爱，在默默地无私奉献着，她拥军爱民，艰苦创业，展现了新时期沂蒙红嫂的英姿与风采。

【教学建议】

朱呈镕有梦想、有脚踏实地的实干精神、有回报社会的热忱、有对党和人民军队的无限热爱，是当代年轻人学习的楷模。

此案例适用于《思想道德与法治》第一章"领悟人生真谛　把握人生方向"和第二章"追求远大理想　坚定崇高信念"的辅助教学。

第四编　奋进有为　万象更新

"奋进有为　万象更新"思政课教学案例之一
　　——以李云广的故事为例

"奋进有为　万象更新"思政课教学案例之二
　　——以李学国的故事为例

"奋进有为　万象更新"思政课教学案例之三
　　——以孙剑锋的故事为例

"奋进有为　万象更新"思政课教学案例之四
　　——以金锣集团的故事为例

"奋进有为　万象更新"思政课教学案例之五
　　——以临沂商城的发展历程为例

"奋进有为　万象更新"思政课教学案例之六
　　——以赵志全的故事为例

"奋进有为　万象更新"思政课教学案例之七
　　——以王传喜的故事为例

"奋进有为 万象更新"
思政课教学案例之一
——以李云广的故事为例

【案例正文】

在临沂,"李云广"这个名字是和"爱心"联系在一起的。李云广,全国劳动模范、全国爱心捐助奖荣获者、"十大爱心人物""中华慈善人物""弘扬沂蒙精神"先进个人。几年来,李云广向临沂大学和几所中小学校无偿捐助 680 万元,用于学校建设和资助困难学生,实现了他 20 多年来让更多孩子有书读的梦想。

李云广出生在临沂城西古城村一个贫困的家庭里,父亲常年有病,家里的主要劳力便是母亲。全家人挤在两间破草房里,每到阴天下雨,房顶漏水,屋里的地面几乎没有一块是干的。家里所有的家当便是两张床,连吃饭用的桌子、板凳都是用石头来充当的。就在这艰苦的环境下,李云广的学习成绩一直名列前茅,从小学一年级到高中毕业,他一直担任学生干部,还多次被树立为学习标兵。那时候他最大的希望便是能考上大学,成为一名人民教师,把自己所学的知识交给家乡贫困的孩子们,来改变家乡那种贫困落后的面貌。然而,命运常会捉弄人,两次大学报考推荐,他都因身体方面的原因而落选。李云广没有实现自己的大学梦,成了一名地地道道的农民。

李云广永远不会忘记初中时的班主任黄老师。这位有着菩萨般善良心肠的老师,每学期都从自己微薄的工资中拿出钱来给李云广买课本,每到周末还让李云广到他家吃饭。李云广也不会忘记高中时的班主任李老师。李老师每天都从自己并不宽裕的伙食中硬抠出一二两饭,把节余的饭票送给李云广,整整资助了李云广两年。老师们给予李云广的爱,深深地埋藏在李云广的心底。

1972 年,经人介绍,李云广到邻乡当了一名民办学校的教师。头几年李云广还是很满意的,因为这实现了他教书育人的梦想。然而,很快他又感到痛苦。他发现这里的农村同样非常贫穷,因交不起几角钱的学费而中途辍学的学生很多。其中最令他痛心的是当时他班里一个叫小亮的孩子,头脑特别聪明,每次考试都是第一,后因家庭贫困也辍学了。当他到小亮家家访时,被眼前的一幕惊呆了:小亮的父亲干活还没回来,病重的母亲饿得昏过去了,两岁的小弟弟不住地啼哭,还在母亲怀里找奶吃,12 岁的小亮正挑着一担水蹒跚着走来。见此情景,李云广强忍住泪水,把身上仅有的 2 元钱掏出来,让小亮抓紧给母亲看病。这一幕对他的打击很大,联想起自己上学的艰难,心里很不是滋味,但当时也无可奈何。

几年后,改革的春风吹遍了祖国的大地,李云广就萌生了辞职经商挣钱,专门救助那些失学孩子的念头。也正是这种念头,促使着他经商办企业。

那时,李云广不顾家人的反对和亲友的劝阻,带着那个梦想辞职经商。一开始,李云广搞牲畜繁育,后来养猪获得成功,他用第一年赚的 4 000 元钱买了一辆拖拉机和弟弟一起搞起了经营。1987 年,李云广经过多方面的考察、论证,建起了临沂市首家环保节煤灶厂。在此基础上,他又将节煤技术应用到采暖炉、茶水炉上,创造性地开发出了一系列新产品,生意越做越红火,李云广成了远近闻名的企业家。

在创业过程中,李云广经历了许多坎坷,在助学梦想的支撑下他都扛了过来。1988 年冬天,李云广为了打开市场,背着一捆煎饼只身一人来到沈阳推销产品。到达沈阳时天已全黑,附近最便宜的旅馆却已客满。最后好不容易找到一家招待所,但一问,每晚 20 元钱。他犹豫再三,终没舍得。他顺着大街转来转去,免得冻脚,最后饿了,便找了个避风的地方买了包榨菜,就着吃煎饼。沈阳的隆冬天气异常寒冷,滴水成冰。最后,实在熬不住了,他便找了家夜市录像厅,以 5 元的价格在录像厅度过了一夜。更令人心惊肉跳的是去云南送货的那段经历。那是 1995 年春,云南省某市一所中学订购了 5 台环保节煤茶炉。因为这条路线司机是第一次走,人生地不熟,他便决定陪同前往。经过三天三夜的行驶,他们到达云南省境内。这里的地形极为复杂,到处是连绵起伏的群山,沟壑纵横且公路既窄又坎坷不平。当汽车转到一座山顶的拐弯处时,迎面走来了两位妇女。由于司机又困又乏,反应迟钝,眼看就要撞上了才猛然清醒过来。"吱——"随着一声刺耳的急刹车声,由于惯性,汽车像脱缰的野马向路边的悬崖冲去,"哗啦"一声,汽车挡风玻璃顿时碎裂,碎片向他们砸来。李云广痛苦地闭上了眼,脑子一阵空白。当他睁开眼睛的时候才发现,如果不是车斗卡住了汽车,他们早就掉下悬崖了。

由于过度操劳,李云广的身体每况愈下。1997年夏天的一个下午,他突然昏倒在地,经医生诊断为心肌炎。经过4个多小时的抢救,他终于从昏迷中醒了过来。当医生要给他用几千元一针的进口药时,他拒绝了。妻子不解地握着李云广的手流着泪说:"孩子他爸,你天天舍不得吃、舍不得穿,辛辛苦苦挣那么多钱干啥?"女儿和儿子也在旁边懂事地劝李云广:"爸爸,你不要这么辛苦地挣钱了,我们长大后,用自己的手养活自己。"听了儿女们的话后,李云广心里倍感欣慰,他抚摸着儿女们的头郑重地说:"爸爸是要圆一个埋在心里20多年的梦呀!"

随着资金的积累和年龄的增长,李云广决定将20年的梦想付诸行动。2000年,李云广在一份国家权威部门的报告中看到,每年我国新招的大学生中贫困生、特困生占了近20%,有一些贫困的大学生因交不起学费而辍学。特别是当李云广从报纸上看到某省一农民夫妇因儿子考入大学无力承担学费愁得双双喝药自尽的消息后,引起了他极大的震动。经过深思熟虑,李云广决定借鉴希望工程的经验,尽自己的绵薄之力,搞一个"人才工程",专门救助那些贫困的大学生。

当他将这个计划提出来时,妻子儿女们才恍然大悟,原来李云广为之奋斗了20年的梦想就是救助困难学生。妻子表示理解,儿女们更是坚决支持。当时在临沂师范学院上学的女儿还积极建议李云广将这个助学项目设在她们学校。通过调查,李云广得知该校数千名学生大多来自农村,其中相当一部分是特困生,他们一年四季没有替换的衣服,吃饭仅靠煎饼和咸菜充饥。于是,李云广决定把厂里盈余的20万元拿出来,捐献给学校设立专项基金,资助贫困大学生。但他发现这些钱太少,每年仅能资助40名大学生,根本解决不了问题。于是他将近20年来的存款拿出来,全部捐给了学校。那天,李云广怀揣着16张存折,骑着自行车将银行里的80万元本息取出来,充实到基金中,使捐款总额达到100万元。而此时李云广家中的存款只剩下48.8元,厂里的流动资金也只剩7 000多元。

李云广清楚地记得,2001年春节刚过,临沂市人大正式形成决议,要在临沂师范学院的基础上筹建临沂大学。从小就怀有大学梦的他,为临沂大学的即将诞生而高兴。他想,作为已经富起来的同志,应该带头倡导大家来支持临沂大学的建设,那样就能培养更多的老师来教育更多的孩子。2001年5月11日,李云广再次做出了一个决定,将一年来的销售收入除掉工人的工资、奖金外,盈余的100万元再次无偿地捐献给临沂师范学院,追加到基金里面。此时,临沂师范学院以李云广的名字命名的助学基金已达到200万元。

大学建设，百业待兴，为了往大学建设这个炉膛里添几把柴，在2002年11月6日，李云广又将一年多来的货款凑足了300万元，再次无偿地捐给了临沂师范学院。至此，他向临沂师范学院捐的款已达到了500万元。在2006年5月临沂师范学院校庆期间，李云广又向临沂师范学院捐款100万元。[①]

此外，李云广还向沂水县王家庄子中学、临沂三中、聊城技工学校等单位捐助钱物达到80万元，而他们全家人仍然住在不足60平方米的房子里。

让李云广感到十分欣慰和快乐的是，几百个优秀的贫困大学生，都顺利地完成了学业。

大学生小高，这位来自蒙山腹地的农家子弟，曾因交不起学费面临休学的困境，在云广奖学金的资助下，以优异成绩毕业，走上教坛，如今成了全县骨干教师。

大学生小刘，家庭困难，全家每年总收入不足2000元，面对巨额学费，他愁得眼泪汪汪，在云广奖学金的资助下，他如今已本科毕业并考上重点大学公费研究生。

小刘在给李云广的信中写道："我尊重您的人格，不只是因为您给了我帮助，更重要的是您使我知道了如何做人。"

……

《人民日报》《光明日报》《中国社会报》《法制日报》《半月谈》《中华儿女》《中华魂》等百余家报刊对李云广捐资助学的事迹进行了重点报道。临沂师范学院将新建的国际交流中心大楼命名为云广楼，李云广还光荣地加入了中国共产党。李云广先后被评为"弘扬沂蒙精神"先进个人、精神文明建设"十佳人物"、山东省劳动模范。2003年11月，李云广还被授予了"全国爱心捐助奖"，并出席了在人民大会堂举行的颁奖仪式。2005年1月，李云广荣获"爱心中国"——首届"中华慈善人物"称号，同年4月被评为"全国劳动模范"，9月被山东省人民政府授予"捐资助学先进个人荣誉称号"，11月被评为临沂市十大爱心人物。

（资料来源：徐东升、费聿辉：《沂蒙精神研究》，中央文献出版社2013年版。）

【思考讨论】

李云广的"助学梦"给当代大学生哪些启示？

---

① 临沂电视台：《激情点亮人生：琅琊风云榜》（上册），山东画报出版社2007年版，第82页。

【案例解析】

　　李云广由一个农民成为一个成功的企业家,再到一个热心助学的慈善家,这一蜕变的过程都是因为一个梦想。因为这个梦想和追求,推动着他不断地超越现实,超越自我,实现自己的人生价值。可见,在一个人的一生中,树立一个正确的人生目标和追求是多么重要的事情。

　　虽然李云广没有上过大学,但是每当李云广来到临沂大学校园中,不管校长、教授,还是在校的学生,都会用一种特别亲切、特别尊重的眼光看着李云广,给予李云广无限的尊重和崇高的赞誉。付出总会有回报,一个勇于奉献的人,总会收获无限的尊重和崇高的赞誉,而这也是一个人人生中最好的奖赏。

【教学建议】

　　此案例适用于《思想道德与法治》第一章"领悟人生真谛　把握人生方向"和第二章"追求远大理想　坚定崇高信念"的辅助教学。

"奋进有为　万象更新"
思政课教学案例之二
——以李学国的故事为例

【案例正文】

他是一个普通人,是儿子、丈夫、父亲。他曾经踏踏实实地过着每一天。我们从这个普通人身上看到了正义的力量。一个"六一"儿童节,他的妻儿目睹着他的身影与一个落水的陌生人一起,消逝在滔滔沂河水中——面对素昧平生的落水者,他选择了纵身一跃。这一壮举感动了一座城市,这一场景震撼了沂河两岸。

临沂市河东区九曲小学家属院,是39岁的李学国的家。但在牺牲后,他被送回老家——距离市区30公里的河东区汤河镇前东庄村。这是一处简陋而又干净的院落。大半个院子被花草掩映。一株石榴树,正绽放着火红的花。64岁的父亲,满头白发,面色寡淡,坐在板凳上用力地抽着烟。而面容苍老的母亲,更多的是沉默。

曾经在院子里号啕大哭的二老,如今已经没有眼泪。李学国的妻子徐景花不愿相信这一事实,在屋里坐下,又起来。12岁的孩子,在家人痛彻的哭声中一度大哭不止。徐景花告诉儿子,从现在起,什么事都与你无关,你好好吃饭好好睡觉,不管谁来了,你都不用出来。在这场变故面前,一家人都在努力学着适应。

一辆出租车,曾经是维系一家人生活的希望。

出租车司机挣的是一份辛苦钱。徐景花常常劝丈夫,早晨不要太早出车,晚上也不要回得太晚,"与其早出晚归多赚二三十的,不如一家三口一起吃顿饭更重要。"每天早晨6点,徐景花准时起床做早餐,一家三口一起吃。7点之前,丈夫准时出门。"因为家住学校附近,过了7点,学生就要入校了,校门口出出进进都是小学生,再开车外出会不方便,干扰学生上学。"徐景花解释道。

不管刮风下雨,李学国每天出车。中午,他就随便在外凑合着吃;晚上,只要没有出车到外地,李学国一定会回家吃饭。"他是一个家庭观念很强的人。"徐景花说。每逢周末,徐景花做了好吃的,就会发短信给丈夫,"中午做好吃的了",李学国一准儿会出现在餐桌前,享受妻子做的美食。

"不说大话,不来虚的,是那种很实在、很真诚的话。"在李学国的战友代声华眼里,李学国表里如一,对自己的要求向来很高。21年前,还在"青葱岁月"的他们,曾坐同一列火车参军入伍,奔赴军营。曾在驾校与李学国共事4年的郭立帅,对李学国印象最深的则是他的热心与仗义,"如果我一个人说他好,他不见得好,但大家都说他好,这说明学国这个人的确好。"代声华前往悼念战友时发现,从各地前来悼念李学国的战友足足有一百五六十人。"他在本溪当兵3年、抚顺1年,两地来了很多战友。"抚顺是"雷锋班"的部队驻地。短暂的部队生涯,李学国两次荣获年度优秀士兵称号。他当年的副连长张军说,李学国那时是班长,工作好、技术好,对自己要求很严。

李学国生前所在出租车公司经理耿兆贵说,虽然李学国只干了半年多,但到目前为止,公司从来没有接到过任何一个投诉他的电话。"以一天拉30名乘客算,一个月就是近千名各式各样的乘客,"他的车友告诉记者,"能够让这么多乘客都满意,不是件简单的事。"

这样一个众人眼里的好人,工作和事业却一直不顺。

1995年,从部队复员的李学国,被安置到当地物资局下属企业上班,担任司机。1998年左右,李学国下岗失业。东拼西凑,家人帮着筹了7万元钱,买了辆出租车,李学国成了一名的哥。"当时干得还算稳当,赚了一些钱。"徐景花说。但有一次,李学国把车租给别人开,结果出了车祸,赔了一笔钱。处理完事情后,李学国就把车卖了。"后来他再买出租车时,手续转让费就很贵了,大概二三十万元。但那一次,他只卖了七八万块钱。"这期间,代声华和他多有交流。李学国在家休息了一段时间,再次考虑做点什么。代声华告诉他,驾校在招聘教练,不妨去试试。

李学国在抚顺服役期间学习驾驶,驾驶技术十分过硬。

他在驾校一干就是4年。"当时加一个夜班50块钱,他就经常加夜班,就想着怎么尽快改善一下我们的生活。"徐景花说。

"我老跟他说,不需要你赚很多钱,只要一家三口每天能够坐在一块吃饭就好了。"徐景花说,自己在小学任职,日子过得并不紧巴。但作为男人和丈夫的李学国,对自己的工作和事业始终不甘心。

从驾校离职后,李学国用攒下的钱买了大货车跑运输。2009年,大车又一次发生车祸。"这一次,赔了很多钱。"知情人说,"大概有三四十万元。也不知怎么回事,学国在部队学的车,但总在车上出事。"

2010年11月,李学国又一次购买了出租车,干起老本行。李学国重回归的哥身份,每天早出晚归。的哥李学国踏踏实实地过着每一天。像他这样的出租车司机,起早贪黑地拉活,月收入能有五六千元,这在当地工薪阶层已经是个不错的收入了,李学国很满足。"好好工作,争取尽快换一套宽敞的房子,也好以后留给儿子。"这样的话,李学国不止一次跟妻子说过。他是个男人,有责任让妻儿生活得更好。

事后想起来,徐景花才发现,出事那一天的丈夫,与往常都不一样。

"早晨出门跟往常一样,他7点出车,半小时后我带孩子去学校,过'六一'儿童节。"徐景花是九曲小学的六年级班主任,儿子就在她班上就读。按照惯例,小学生毕业后就不再过"六一"儿童节了。徐景花盘算着,要好好陪孩子,过好他生命中的最后一个儿童节。她没有与丈夫商量怎么给儿子过节,因为丈夫白天都要在外跑车,到了晚上才会回来。"下午的时候,他突然回来了,说要陪孩子好好玩玩,一家人一块过这最后一个'六一'儿童节。"夫妻两人中午很难碰面,聊了一会儿,其间,李学国又给妻子盘算起换个大点房子的事。

下午4点多,一家人决定出门,"先到沂河边逛逛玩玩,然后一块吃饭"。风景迤逦的沂河小埠东橡胶坝,距离李学国家不远,10分钟,他们就到了。此时,河南籍游客毕育锋和魏继峰等6名同乡,已经先于他们来到这里。李学国陪妻子和孩子在岸上玩了一会儿,看到河边有人捕鱼,他到车上取出了放在后备厢里的小鱼兜,换了一件衣服,戴上了玩耍时才戴的草帽,从岸上走到了河边。那是徐景花无比熟悉的草帽。李学国越走越远,她就一直盯着那顶草帽。在爱人的视线中越走越远的李学国,来到坝下的导流墙东侧。这时,毕育锋和魏继峰已经在那里捞鱼玩了。

可能是脚下青苔太滑,魏继峰一个趔趄,倒在水里,接着就被水冲到深水区。

毕育锋看见魏继峰两手不停地乱抓,知道情况不妙,立马大声求救。李学国放下小鱼兜,掏出手机和出租车钥匙,随即纵身下水……妻子的视线里,从那一刻,突然没有了那顶无比熟悉的草帽。一开始,她还以为是视线被遮住了。突然,有人溺水的消息在岸上传开……直觉让她有着一丝眩晕,但她知道,不可能是丈夫,"他水性好"。她后来才知道,许是因为落水者魏继峰太重了,试图救人的丈夫和落水者转眼已不见踪迹。

普通的哥李学国的生命就此画上了句号,在儿子成长历程中的最后一个儿童节里。

(资料来源:《平民英雄李学国:大义哥的本色人生》,《齐鲁晚报》2011年6月13日;徐东升、孙海英:《沂蒙红色文化符号》,九州出版社2021年版。)

【思考讨论】

1. 李学国的事迹带给当代大学生怎样的感悟?
2. 当代大学生应该如何向他学习?

【案例解析】

李学国,这是一个多么平凡的名字。然而,当他用自己宝贵的生命谱写了一曲英雄赞歌后,这个名字在人们心中变得如此响亮、伟大。李学国舍身救人的英雄事迹迅速传遍八百里沂蒙大地,在这里,他成为见义勇为的榜样,成为雷锋的化身,成为道德的楷模。在他人遇到生命危险时见义勇为、舍命相救,危难时刻的纵深一跳,让李学国的人生从此定格在了39岁,他用自己的生命诠释了"沂蒙大义"的深刻含义。

李学国是沂蒙儿女的优秀代表,这片红色沃土培养了他爱党爱民、无私奉献的优秀品质,他的英雄事迹体现了强烈的社会责任心。李学国是沂蒙人民的好儿子,自小就受沂蒙精神的洗礼。他用生命奏出了又一曲感天动地的沂蒙英雄赞歌,为伟大的沂蒙精神增添了新的光彩。

【教学建议】

李学国是一个普通人,他用自己的行为诠释了蕴含在普通人心灵深处的中华民族源远流长的民族精神。

本案例适用于《思想道德与法治》第一章"领悟人生真谛 把握人生方向"和第五章"遵守道德规范 锤炼道德品格"的辅助教学。

"奋进有为　万象更新"
思政课教学案例之三

——以孙剑锋的故事为例

【案例正文】

　　孙剑锋在公安基层所队工作28年,32次立功受奖;干一行,爱一行,专一行,在每个岗位都是一面旗帜;他因公负伤,造成9根肋骨骨折,鉴定为6级伤残,却不等病情痊愈即积极要求工作,比正常人加班还要多;他为民用权,心怀大爱,是民警眼中的"好战友""老黄牛",是群众公认的"好警察""热心人"……在忠诚履行公安机关责任与使命的征程上,孙剑锋用真情演绎了生命的真谛,用行动诠释了奉献的内涵。

　　追寻孙剑锋的成长轨迹,每一步都是那样扎实,每一步都是那样恢宏。1984年7月,刚刚警校毕业的孙剑锋带着"必须当一名刑警,只有当刑警才能实现自己的人生理想,才会做得更出色!"的梦想成为平邑县公安局的一名刑警。他从侦查员、技术员干起,一直到刑警大队副大队长,在刑警岗位上一干就是10年。

　　刑警岗位是一个处处面临生死考验、时时经受血火洗礼的战场。面对公安工作中最富挑战性、最具艰苦性的刑侦工作岗位,勇于亮剑,是孙剑锋矢志不渝追求的目标。在长期的刑警生涯中,只要有案件侦破需要,只要组织安排,不论白天黑夜还是冬寒酷暑,不论刮风下雨还是天寒地冻,不论蹲坑守候还是走南闯北,孙剑锋都二话不说地积极参与各类案件的侦破。每逢重大案件发生,孙剑锋总是冲在最前面,始终枕戈待发,舍身忘己,始终毫不畏惧,甚至不怕流血牺牲。通过艰苦磨砺,他具备了强烈的攻坚意识,常常出色地完成领导交办的各项任务。他养成了过人的胆识,用果敢坚毅与歹徒斗智斗勇,屡破大案,屡克难案,屡降歹徒,屡建奇功。担任刑警10年间,孙剑锋先后参与侦破了各类刑事案件1 896起,亲手抓获各类犯罪嫌疑人658名,摧毁各类犯罪团伙93个,赢得了组织的高度赞扬,得到广大人民群众的充分肯定。

面对组织及群众的信任,孙剑锋总是说,他只是在尽一名人民警察的义务与责任,穿上了警服就要有不怕艰苦与挑战的使命感与荣誉感。

孙剑锋常说:"当人民警察就应该为老百姓管事、办事,群众满意了,心里也就敞亮了。"

在长期的公安工作中,孙剑锋发现,大部分命案是由于民事纠纷得不到很好处理而演变来的。因此,他要求民警对于群众之间的摩擦与纠纷,无论大小,必须及时合理解决,绝不能把小事拖大,大事拖炸。

在担任治安大队长期间,孙剑锋积极探索建立维稳处突工作新机制,提出了"主动治安,积极预防"的新举措,制定了"调防结合、以防为主、多种手段、协同作战"的工作原则,并在全县构建起了"危爆物品管控网络""行业场所阵地管控网络""学校及内部单位管控网络"等多层面立体化的治安防控网络,开创了全县治安管理工作的良好局面。

孙剑锋为人实在,为群众办事更实在,他走到哪里,便把群众的满意带到哪里。老百姓找到他,他总是一门心思帮到底,不还群众一个公道决不罢休,为群众献出了一颗赤诚滚烫的心,也换来了老百姓一片真挚深厚的情。2008年4月,担任平邑县看守所所长的孙剑锋了解到抢劫犯罪嫌疑人林某因担心家人受不了打击而情绪消极、试图自杀的情况后,决定到林某家去看看。发现他妻子自林某被抓后便离家出走,他80多岁的老母亲独自照看林某幼小的儿子,生活十分拮据,孙剑锋便把随身的600元钱全部掏出塞到老人手里,说是受他儿子委托送来的。他动员老人劝儿子服从管理,立功赎罪。两天后,林某母亲去看守所探监,林某得知此事后,抵触的"坚冰"开始消融,主动要求向警方检举揭发违法犯罪行为,最终得到法院的轻判。

在看守所工作期间,他不但带领看守民警每天为前来提审的民警提供热水、纸杯、午餐,全方位地为政法各单位提供良好服务,而且对大墙内的在押人员实行人性化管理,进行"亲情改造",为在押人犯员提供法律咨询、心理咨询,设置阅览室等等,唤醒了不少在押人员的良知与希望,让人看到了一座座"冰山"的融化。

这种在旁人看起来或许不能理解的行为背后,有着孙剑锋对犯罪、对社会、对人生的深刻思考和独到见解。无论是对身边同事,还是对普通群众,甚至是别人眼中十恶不赦的犯人,他都心怀大爱,既不图名也不图报。人们都说他就像冬日的炉火,永远燃烧自己,却时刻把温暖送给身边的每一个人。这种情怀,来自他对工作的态度,来自他对群众的感情,来自他超出"警察"范畴的身份。

工作用心,是孙剑锋工作的法宝。无论在什么岗位,从事何种工作,他始终不畏难、不言苦,在长期的磨砺中不断提高自己攻坚克难、敢挑重担的能力和智慧,不仅作风顽强,百折不挠,而且屡创佳绩,屡获殊荣。

他在28年的从警生涯中,历任刑警侦查员、副大队长、政研室副主任、局团委书记、宣传科长、监管大队长、治安大队长。无论岗位如何变化,他一步一个脚印,干一行、爱一行、专一行的自我要求从来未变。在刑警大队工作期间,他主抓的刑事技术档案工作在全市公安机关名列前茅,他利用自己悉心总结摸索出来的指纹档案管理办法,先后成功侦破刑事案件300余起,被市公安局广泛推广介绍,他被市公安局评为"优秀刑档员"。

为进一步拓展公安宣传阵地建设,打造公安宣传品牌,平邑县公安局与县电视台决定开播《蒙阳警坛》电视周刊栏目,由公安局负责摄像、撰稿、编辑、制作的全部过程。组织鉴于孙剑锋不怕苦累、善于钻研、勇于挑战自我的可贵品质,决定将其调任政研室副主任,具体负责栏目的全部筹备及制作工作。离开热爱的一线岗位,面对陌生的领域,孙剑锋没有怨天尤人、束手无策,他发誓要走一条自己拼搏的路,立志从零开。他买来大量专业书籍,自己办速成班,请专业人士来授课,从摄像、撰稿开始,一直到栏目编辑、成品制作,他边学边用,迅速完成了从外行到内行的转变。而《蒙阳警坛》电视栏目也很快成了县电视台的支柱栏目和家喻户晓、群众争相观看的节目,不但成为全市、全省首个县级公安电视栏目,而且在全省电视栏目评比中荣获优秀栏目一等奖。

在负责宣传工作并兼任县公安局团委书记期间,他积极倡导并成立了"110青年志愿者协会",实现了110服务的社会化、群众化。由于该协会发挥了良好的联动效应和社会效应,被共青团中央、公安部评为"百个优秀志愿者协会"。

在看守所任所长时,他思考着监管工作的新方法、新思路、新机制,并在实践中探索。他带头与民警们同工作、同值班、同加班、同考核,落实民警岗位责任制,采取定人、定岗、定管理,包号、包教育、包安全的"三定三包"管理新机制。

担任治安大队长时,他更是脚踏实地、尽职尽责地围绕危险爆炸物品管理、特种行业管理、内部单位安全保卫以及日常治安管理,卓有成效地开展工作,开创了治安管理新局面,在省、市、县三级公安机关开展的等级评定和规范化检查中,均取得了名列前茅的骄人成绩,被市公安局推荐为"二级治安大队",被省公安厅授予"全省县级优秀公安基层单位"荣誉称号。

在孙剑锋的眼里,执法者就是公平正义的化身,来不得半点虚假和人情。要想维护一方稳定,就要做到严格执法,秉公办案,不徇私情,让案件得到公正处理,让犯罪嫌疑人得到法律的审判。所以,无论大小案件,他都坚守"公正执法"这个天平,坚持原则,铁面无私,是那些有所图谋的人眼中出名的"难说话"人物。

对待工作,他严格执法,从不为个人谋私利。对待同事,他热情似火,是单位里公认的"好大哥"。孙剑锋身上有一种独特的人格魅力,让人觉得可亲又可敬,而且总是循循善诱、教导有方。为打造过硬的队伍,他十分注重做民警的思想政治工作,想民警之所想、急民警之所急,使思想政治工作有的放矢,富于情感,具体落实到帮助民警克服思想障碍和实际困难上,以诚待人,以心交心,以情换情。他事事带头,身先士卒,严于律己,要求民警做到的,自己首先做到。他认为,带队伍要将心比心,民警很辛苦很劳累,要用亲情来关爱他们。因此,他待民警就像对自己的兄弟姐妹一样,坦率、真诚、尽心尽力地帮助他们解决生活、工作中的困难,极大地调动了民警们的工作积极性,处处洋溢着积极向上、干事创业的激情。

(资料来源:徐东升、孙海英:《红色文化符号》,九州出版社2021年版。)

【思考讨论】

1. 孙剑锋爱岗敬业的工作态度给大学生带来哪些启示?
2. 在以后的职业规划中,大学生应该从哪几个方面去努力?

【案例解析】

无私奉献见真情,一腔热血铸警魂。28载风风雨雨,孙剑锋以他对公安事业的挚爱和执着,一步一个脚印,在警察这个崇高的职业中,酣畅淋漓地释放着生命的激情与精彩,在不断的挑战中提升着生命的高度与厚度。

他先后3次荣立个人三等功、1次荣立个人二等功,被省公安厅授予"全省优秀人民警察"等荣誉称号,创下了一个个骄人的战绩,用心谱写了自己华丽的人生乐章。

【教学建议】

　　孙剑锋吃苦耐劳、爱岗敬业、忠于职守的职业态度,热心助人、关爱群众的奉献精神是当今的年青人学习的好榜样。

　　本案例适用于《思想道德与法治》第一章"领悟人生真谛　把握人生方向"、第二章"追求远大理想　坚定崇高信念"和第五章"遵守道德规范　锤炼道德品格"的辅助教学。

"奋进有为 万象更新"
思政课教学案例之四

——以金锣集团的故事为例

【案例正文】

将一家名不见经传的乡镇肉联厂发展成为全国最大的肉食品生产基地,金锣人用 20 余年一贯的执着和奋斗书写了一个属于沂蒙人自己的商业传奇。金锣集团的前身是临沂市兰山区半程镇政府于 1986 年投资 90 多万元兴建的肉联厂,因经营不善,企业连年亏损,濒临破产。1990 年,曾任半程镇食品站会计的周连奎受命于危难之际,以超凡脱俗的气魄,摒弃老路,不落俗套,大胆革新一切影响企业发展的机制和制度,及时调整产品结构,内抓企业管理,外抓市场开拓,肉联厂很快焕发了生机和活力。

作为金锣集团的创始人,周连奎以一个沂蒙人特有的激情和胆识,一手将昔日小厂发展成为国家农业产业化重点企业、国家肉制品龙头企业,不仅开拓了"重新定义火腿肠""开创中国冷鲜肉时代""全产业链发展模式"的新时代,成为叱咤风云的全国著名的企业家,更是推动临沂经济发展的中坚力量。他先后被授予"山东省劳动模范""临沂市劳动模范""省科技大王"等荣誉称号。

上任后,周连奎在整修机器、修缮房舍的同时,扩建冷库,组建宰杀生产线,并进行大胆改革,使肉联厂起死回生,效益逐步提高。1993 年夏,周连奎从客户那里了解到,河南商丘一家肉联厂有条现代化生猪宰杀生产线,已停产半年多。于是,周连奎马上赶到商丘进行实地考察。原来,这家肉联厂拥有全国为数不多的万吨级冷库、交通十分便利的铁路专用线和日宰杀 3 000 头生猪的自动生产线,并配有进口设备的火腿肠生产车间。而且当地生猪资源丰富,公路、铁路交通便捷,是理想的经营之地。周连奎立即与商丘这家肉联厂的领导进行协商,双方一拍即合。于是,周连奎租下该厂猪肉生产车间,开始"借鸡生蛋",扩大规模。接着他又连续出台了两大重要举措:一是组建山东金锣股份有限公司;二是启动大规模的技术改造，扩大生产能力，增加产品品种。

1994年，周连奎在全面考察了火腿肠市场行情的基础上，大胆决策，购买了商丘肉联厂的两条闲置生产线，开始了肉类深加工。同年年底，他又以惊人的胆略投资2 000万元，购置了8条火腿肠生产线，使企业的科技装备水平不断提高，企业效益也开始直线上升。1995年，金锣股份有限公司先后兼并了半程镇养猪场、大豆蛋白厂、兰山区纸箱厂等企业，组建起山东金锣企业集团，这为以后企业的快速发展创造了极为有利的条件。此时，周连奎开始全方位、多渠道筹集资金，大力实施新建、扩建、改建项目，促使企业不断上规模、上档次、上水平。另外，他还先后投资2亿元，建设了占地120亩的良种猪生产繁育基地，年出栏肥猪和仔猪10万头；建起了年产6万吨的配合饲料加工厂；新建了国内最大规模的生猪屠宰车间和冷库；引进日本先进的火腿肠生产线90条、猪肉脯和猪肉灌肠生产线各1条。金锣集团年可屠宰加工生猪500万头、肉食鸡1 200万只，生产火腿肠20万吨、猪肉脯和猪肉灌肠各3 000吨、大豆分离蛋白1 800吨，总冷藏能力3.7万吨，成为当时全国同行业生产、加工、销售均第一的大型企业集团。在以后的几年中，周连奎又通过资产兼并、联合、租赁等多种方式，分别在通辽、大庆、眉山、湘潭等地建立了14家生产分厂，使肉制品生产线达到300多条、生猪屠宰加工生产线达到20条。集团所属的临沂新程金锣肉制品有限公司已成为临沂市以肉类食品生产加工为主的大型民营企业，主要从事猪、鸡屠宰及肉制品加工，产品有高温火腿肠、低温肉制品、保鲜肉以及猪、鸡分割产品等。2014年，公司拥有职工3万多名，在全国设有11处生产基地、245个销售办事处，并在俄罗斯、新加坡、我国香港等国家和地区设有贸易分公司，专门从事产品出口业务。

金锣集团依靠企业的规模优势，积极探索"公司+农户+基地"的农业产业化发展模式，形成了龙头带基地、基地连农户，相互依托、共同发展的产业化格局。金锣集团巨大的屠宰量使生猪收购扩展到几十个省市、320多个县区，带动发展起一大批养殖专业户、专业村和养殖基地。为了保护养殖户的利益，金锣集团同当地农民签订养殖收购合同，为他们提供良种仔猪，并拿出180万元资金，用于扶持半程镇的养猪业，还成立了由20名科技人员组成的技术服务队，深入养殖户传授养殖技术、免费进行疫病防治，极大地调动了农民的养猪积极性，仅在半程镇范围内就发展起养殖专业村17个，养殖场、养殖大户1 700多个，这些生猪饲养者每年综合获利1亿元左右。同时，也带动了企业附近地区养鸡业的发展,使养殖场和养鸡户每年综合获利数千万元。

追求变革与创新,是这家鲁企的显著标志。在成立之初,金锣就转变经营思路,毅然引进世界先进水平的火腿肠生产线,进行肉类产品深加工,在当年肉食品行业市场疲软的大背景下逆市上扬,为企业发展打下牢固的基石。为了食品安全,金锣集团引进高温火腿肠生产线、低温肉制品生产线、屠宰分割线等具有国际先进水平的生产设备。金锣火腿肠尽管只有原料腌制、斩碎、搅拌、蒸煮和灌装等为数不多的加工工序,但每道工序的技术含量都与众不同。尤其是斩碎、搅拌这两道工序中,会给金锣火腿肠添加一种名为"大豆分离蛋白"的物质,这种物质不仅和保鲜剂有着相同的功效,还能在保持或提高蛋白含量的同时降低胆固醇,从而使产品具有安全和营养的双重优势。以"金锣肉粒多"为代表的高温肉制品是在120℃以上的环境下无菌加工而成;而烤肉类的低温肉制品则要先在常压下通过蒸煮熏烤等一系列工艺并进行巴氏杀菌,再冷却到75—85℃制作而成。金锣肉制品的加工以自然流畅、配合默契的转换方式,完美地实现了产品优质安全的质量目标。

金锣集团还针对性地在配送环节打造了"冷链生产、冷链运输、冷链销售、连锁经营"的冷鲜肉专卖营销模式,确保了产品在运输和销售过程中的新鲜、健康、安全、放心。

金锣实行的统一形象、统一规划、统一配送、统一价格、统一管理、统一服务标准的"六统一"模式,金锣集团销售的所有产品一旦出现质量问题,消费者都可依据销售凭证追溯其从原材料、加工过程、产品出厂后的流向及分布场所,甚至发生质量问题的环节和责任人等,这在很大程度上确保了金锣产品的质量安全,避免了不良事件的发生。

在发展过程中,金锣将"清洁生产、节约生产、高效生产"的理念贯穿始末,在积极引进、消化、吸收国外先进设备和关键技术的同时,金锣还积极利用信息技术改造传统肉类产业,推动企业信息化集成应用和模式创新,提高企业的经济效益、社会效益和生态效益,金锣淘汰落后工艺技术装备,切实提高了原料的综合利用率,减少了污染物排放。金锣集团将节能减排纳入企业发展全过程,发展循环经济,促使企业走上绿色发展之路,为建设资源节约型、环境友好型社会贡献力量。

在自身产业规模不断扩大和经济效益逐渐实现的条件下,金锣集团开始以各种形式回报社会,积极参与社会公益事业。1998年特大洪水和2003年"非典"疫情期间总计捐款3 500多万元,2008年向汶川大地震灾区捐款捐物3 000

多万元。2010年4月青海玉树地震和7月东北洪水灾害发生后,金锣集团在第一时间捐款捐物,支持了救援和灾区重建工作。

近年来,金锣集团先后被评为"全国农业产业化重点龙头企业""全国农产品加工示范企业""山东省高新技术企业","金锣"商标被评为"山东省著名商标","金锣"牌食品被评为"中国名牌产品"。

(资料来源:徐东升、费聿辉:《沂蒙精神与社会主义核心价值体系研究》,中央文献出版社2012年版;费聿辉、徐东升:《中国共产党革命精神系列读本——沂蒙精神》,中共党史出版社2018年版。)

【思考讨论】

1. 金锣集团崛起的过程体现了金锣人怎样的创新精神?
2. 金锣集团的崛起对当代大学生未来的创业有什么启发?

【案例解析】

创新是一个企业生存和发展的灵魂。对于一个企业而言,创新可以包括很多方面,例如技术创新、体制创新、思想创新。技术创新可以提高生产效率,降低生产成本;体制创新可以使企业的日常运作更有秩序,便于管理,同时也可以摆脱一些旧体制的弊端,如科层制带来的信息传递不畅通;思想创新是相对比较重要的一个方面,领导者思想创新能够保障企业沿着正确的方向发展,员工思想创新可以增强企业的凝聚力,发挥员工的创造性,为企业带来更大的效益。金锣集团崛起的过程就是一个不断技术创新、体制创新、思想创新的过程。

作为临沂地区的龙头企业之一,金锣认集团真贯彻落实市委、市政府的发展战略,立足自身优势情系三农,艰苦创业,不仅树立了良好的社会形象,也为临沂经济社会发展做出了重要贡献。

【教学建议】

金锣集团的崛起得益于党的改革开放的好政策,得益于企业的领导者的胆略和正确决策,也得益于金锣集团的创新体制。

本案例适用于《思想道德与法治》第二章"追求远大理想　坚定崇高信念"的辅助教学;同时适用于《马克思主义基本原理》第三章第三节"人民群众在历史发展中的作用"和第七章第三节"共产主义远大理想与中国特色社会主义共同理想"的辅助教学。

"奋进有为　万象更新"
思政课教学案例之五

——以临沂商城的发展历程为例

【案例正文】

　　临沂商城创建于 1982 年,是我国创办最早的专业批发市场集群之一和全国最大的商品集散地之一。目前建有大型批发市场 123 处,占地面积近 1 400 万平方米,经营面积 900 余万平方米,商铺和摊位约 6 万个,经营业户近 5 万户,经营人员近 20 万人。经营商品涵盖小商品、五金、建材、板材、园林机械、劳保用品等 27 大类近 6 万个品种,基本覆盖了生产资料和生活资料的主要门类。2020 年,临沂商城商品交易额突破 4 403 亿元,商城范围内共建有天源、金兰等 23 处专业物流园区,现有物流经营业户 2 300 多家,货运车辆 2 万余辆,从业人员 2 万余人,拥有国内配载线路 2 000 多条,覆盖全国所有县级以上城市,通达全国所有港口和口岸。开行了临沂至欧洲、临沂至中亚的国际货运班列,以及临沂至成都、重庆等方向的国内货运班列,2020 年欧亚班列实现到发 111 列,2021 年 1—8 月到发 119 列,临沂成为山东省欧亚班列三个集结中心之一。临沂航空口岸开放,开通临沂至缅甸、泰国、越南、韩国等多条国际航线,同时开通临沂至韩国首条全货机航线。在第四届中国市场品牌战略论坛高峰会上,临沂商城被评为"中国专业批发市场最具影响力品牌";临沂市被中科院等部门授予"中国十大市场强市""2007 中国最具投资价值十大城市"称号;2010 年 8 月,中国交通运输协会正式授予临沂市"中国物流之都"称号,临沂市连续 5 次登上福布斯中国大陆最佳商业城市榜。临沂商城的崛起,是沂蒙人民改革创新求发展的又一例证。

　　临沂商城经历了一个从无到有、从小到大的发展过程。

　　20 世纪 80 年代初,位于临沂西郊的长途客车站附近,在一片并不起眼的杨树林里,出现了由当地群众自发摆起的地摊,生意红火,这就是在改革开放初期应运而生的临沂西郊市场的萌芽。对于地摊的出现,当时的县政府不但没有采取制约措施,反而大胆冲破计划经济体制的束缚,在其他地方还没大规模兴办市场的情况下,顺应民心,抢抓机遇,用活政策,动员社会各方面力量,率先掀起了兴建市场的热潮。1982年,临沂工商部门筹资27万元,征地4万平方米,垒造水泥台摊位,盖起玻璃钢瓦大棚,这就是临沂百姓口中流传了多年的西郊大棚。在建设过程中,政府立足本地实际,充分发挥地理交通、资源等优势,严格规划、考察、论证,科学培育,突出一市一品特色,市场规模不断壮大,越来越多的临沂人学起了做买卖,开始跑到南方进货,回来出摊。20世纪80年代,时兴"万元户"的说法,那时候,盖3间大瓦房不过花3000元钱,谁家要是有1万元存款,足以羡煞旁人。而就在那时,据说在西郊批发市场里已经有了百万富翁。

在市场萌芽期,当地政府给予了明确支持,恢复了集市贸易,抢抓了机遇,争取了主动。在市场初兴期,当地政府出资建大棚,以示范引导市场发展,奠定了率先发展的基础,到了市场快速发展时期,针对摊位供不应求、市场建设资金短缺的实际情况,当地政府率先打破了由工商部门独家建市场的模式,允许农村集体在其土地上兴建市场,提出了"人民市场人民建、公益事业大家办""谁出资、谁受益""政府领导、多方投资、联合建设、统一管理、共同受益"的指导意见,引导村居、单位投资兴办市场,兴起"全民办市场"的局面,形成了多元化投资的市场建设格局。在既没有特殊资源,也没有便利交通的情况下,临沂人发扬"敢为天下先"精神、"敢想敢做"的作风,以创新为发展动力,不产木材,却建成了全国最大的木材加工基地和板材市场,不产煤,却全部依靠从外地运输而建成了以煤为原料的化工企业等等,临沂人创造了一个又一个似乎不可能的奇迹。临沂商城的几十个专业批发市场几乎都是由企业、村集体投资兴建的,且建一个成一个、建一个兴一个。多方参与、多元化投资为市场的持续繁荣发展带来了激情和活力。

临沂的各个批发市场在开发初期,大多是经营同一系统中若干门类的专业商品,到市场繁荣成熟之后,根据各专业品类的市场交易状况和市场资源的紧缺程度,本着优化扩张的原则,确定市场建设分流项目,逐步在综合批发市场的基础上孵化出若干个专业特色更为鲜明的新市场,进而形成专业系统相关的大市场群。以华丰集团为例,他们先是用有限的资金开办了服装鞋帽综合批发市场,经营5年后,又在毗邻处建了鞋帽市场,原来的市场经装修后,成为江北最大的服装专业批发市场,沿着先综合后分离的经营思路,先后建起了副食品、箱包皮革、毛线、五金电子、汽车装具等10多个专业批发市场。

商贸业的蓬勃发展，催生、壮大了临沂物流业，物流业的繁荣，又成为市场发展"加速器"。自1986年临沂建立第一个专业批发市场以来，依托商贸流通业的发展，临沂的传统物流产业取得了飞跃式的发展。截止到2020年，临沂城区有物流园区(站场)23处，培育了荣庆、天源、立晨、金兰、安信、华派克等一批规模大、档次高的知名物流企业。物流网络已覆盖了全国所有县级以上城市。2021年1—8月，临沂商城实现市场交易额3528.2亿元，同比增长71.5%；实现物流总额5136亿元，同比增长29.3%；实现网络零售额216.4亿元，同比增长33.9%。临沂市物流业在发展壮大的过程中，逐步形成了网络覆盖广、运输成本低、运行效率高、服务细致周到等特点，对经济社会发展产生了巨大的推动作用。如今的临沂，已成为物流业发达的商都，形成了苏鲁豫皖地区最大的商品集散地。

临沂专业批发市场，从初创阶段就显示了对工业经济的拉动作用，以其信息灵、环节少、辐射广、周转快的独特优势，为当地企业注入了勃勃生机。但由于临沂工业经济基础薄弱，企业规模小，产品档次低，且门类空缺大，所以当地产品在各专业批发市场所占份额很小，各市场"买全国、卖全国"的特点十分突出。20世纪90初期，随着全国各地兴办市场的热潮不断升温，临沂专业批发市场的商品来源和销售辐射范围面临严峻挑战。为化被动为主动，进一步提高市场产品占有率，当地政府依托临沂商城园区，先后建设了临沂工业园和金锣科技园两大工业加工聚集区，围绕商城经营产品组织生产加工，实现产销一体化。商城及周边板材、食品、五金、塑料、服装、化工、陶瓷、家具、有色金属加工等产业基地的基本形成，极大地提高了当地产品的市场占有率，促进了市场由中转型向产销型的转变，增强了市场的竞争实力。

经过40多年的艰难探索，无数次的提升和创新，临沂从昔日的革命老区变为今天的"物流之都"，临沂的"买全国、卖全国"早已闻名遐迩，临沂商城也给临沂人民带来了巨大的财富。也正是这个临沂商城，给临沂赢来了"南有义乌，北有临沂"和"物流天下"的美誉。

（资料来源：徐东升、费聿辉：《沂蒙精神与社会主义核心价值体系研究》，中央文献出版社2012年版；孙海英、陈永莲：《沂蒙精神与临沂革命老区跨越式发展研究》，山东人民出版社2017年版；王泽远、谢华东：《临沂商城发展历程（中）》，经济日报出版社2009年版。）

【思考讨论】

临沂商城的发展历程体现了沂蒙人民什么样的精神？

【案例解析】

临沂从当年一个舟车不通的四塞之崮，发展到商贾云集的现代化商贸物流之都、具有国际知名度的现代商贸物流城、全国著名的商贸物流中心，临沂商城从无到有、从小到大、从弱到强，它是一部沂蒙革命老区人民的创业史，也是新时期沂蒙人民的发展史。

人类社会的发展史就是人类艰苦奋斗的创业史，人类社会的一切文明成果，无不是艰苦创业精神的结晶。艰苦创业精神不是某个时代所特有的精神，而是与人类社会发展同在的。艰苦创业精神是人们成就事业必不可少的精神动力和崇高美德。建设中国特色社会主义，实现中华民族的伟大复兴，是充满艰辛、充满创造的壮丽事业。伟大的事业需要并将产生崇高的精神，崇高的精神支撑和推动着伟大的事业。为了巩固和提高目前所达到的小康水平，为了实现各族人民的共同理想，推动现代化建设，我们更需要大力倡导和发扬艰苦创业精神，尤其是开拓创新精神。

【教学建议】

临沂商城从无到有的发展历程充分体现了沂蒙人民艰苦创业和勇于开拓的创新精神。

本案例适用于《马克思主义基本原理》第三章第三节"人民群众在历史发展中的作用"和第七章第三节"共产主义远大理想与中国特色社会主义共同理想"的辅助教学。

"奋进有为　万象更新"
思政课教学案例之六
—— 以赵志全的故事为例

【案例正文】

　　一位沂蒙山区的企业家、全国人大代表、优秀的共产党员,在他58岁的生命历程中,一次次竖起猎猎作响的改革大旗,攻坚克难,直至最后倒在办公桌前,鞠躬尽瘁,死而后已。

　　他的理想,他的勇气,他的意志,他的情操,使千万人的心灵为之震撼。

　　他以自己壮怀激烈的生命,实践着企业的现代梦,回答着"究竟怎样搞好企业改革？办好企业为了谁？企业家活着为了什么？"

　　他,就是鲁南制药集团原董事长、党委书记、总经理赵志全。

　　2014年11月14日,山东省临沂市费县城郊的深秋,夜凉如水。58岁的赵志全用尽了生命最后一丝力气,溘然长逝。人们以诸葛亮兵退五丈原作比,称赵志全为"神人",更有人以赵志全独特的现代公司法人治理而称其为"道德圣人"。

　　赵志全1956年出生在沂蒙山区费县西葛峪村的贫苦农家,是恢复高考后的首批大学生。1982年,赵志全从山东化工学院（现青岛科技大学）毕业后便进了当时的郯南制药厂。1987年10月25日,在承包制风靡全国的背景中,郯南制药厂成为临沂地区首家公开招标承包经营的试点对象。年仅31岁的赵志全一举中标担任厂长。当时这家制药厂账面上只有19万元净资产和2万元贷款,库存生产原料仅能维持3天,人心涣散,濒临倒闭。一起竞标厂长的4人中,赵志全的目标提得最高。别人都是扭亏,唯有他提出"当年扭亏为盈,实现利润20万"的目标,并立下"到1991年实现产值1 000万元,利润120万元"的军令状。直到签订承包合同时,有领导还提醒他目标定得太高了,可以减一减,周围有人议论,年轻人好做梦,摔几跤就明白了,但赵志全义无反顾地在合同书上签上了自己的名字。

做企业是艰难的,改革的阻力也难以想象。1988年春节前夕,一场突如其来的风波给了这位刚刚上任一个月的年轻厂长泰山压顶般的考验。当时,一支由国家监察部门、卫生部门等联合组成的调查组空降到当时的郯南制药厂,调查组人数最多时达100余人。那时,整个郯南制药厂也就只有100多名职工。原来,个别既得利益者在改革中受到损害后不断写匿名信,向上级诬告郯南制药厂制造假药,引起上级的高度重视。调查结果最终证明,郯南制药厂是清白的。而这期间,赵志全顶住了巨大压力,一边接受调查,一边与科研机构联合搞新产品研发和市场调研,并很快地开发出新产品投放市场。

1994年前后,乘着股份制改革的东风,赵志全将企业改组为山东鲁南制药股份有限公司,并在当年11月进一步推行分配制度改革,按劳分配,摒弃"大锅饭""平均主义"的陋习。他的做法引起既得利益者的强烈反对。

挫折与困难没有阻止赵志全的改革步伐,反倒激发出他一往无前的勇气,"不管改革的路有多难走,我就认一个理:为了企业的发展、职工的利益,不改革不行。改革也许会失败,不改革一定是死路一条。"赵志全如是说。

如今被鲁南制药人反复提起的"96决战",是鲁南制药股份有限公司改革发展史上走向市场的关键一役。1995年,银行收缩银根;同时,由于货款回收不到位,工人半年发不出工资,公司陷入前所未有的困境。危急关头,赵志全提出"以市场为中心"的业务首位意识,"破釜沉舟、背水一战"。他在全厂员工面前立下"军令状",自己每月仅拿200元生活费,完不成任务就自动辞职。为了拓展市场,他马不停蹄地辗转全国,每到一处,便与专家、医生交流,了解市场;之后再夜以继日地与业务员分析研究市场,想办法解决问题。会后,他便急匆匆赶往下一个地点,休息就在路上凑合一下。

赵志全被抬上飞机,辗转全国20多个城市的难忘一幕,便发生在此时。由于不分白昼地奔波,极度劳累的赵志全在下楼梯时不慎摔倒,造成腿部严重骨折。他仅仅去医院打了石膏和绷带,便强撑着回到会议室,继续与业务员交流。石膏不能弯曲,他只好将腿搭在椅子上坚持开会。为了不让业务员们看到自己的艰难处境而丧失信心,他总是在业务员到会场之前先坐好,等到业务员散场后才离开。从合肥、南京到广州,辗转一站又一站。业务员们纷纷感叹:"有这样的老板,我们怎么能不拼着命地去干?!"

这期间,妻子也因病在北京住院,夫妻俩一直未见面,赵志全也只是利用出差路过北京的机会去看望妻子。到了医院后,在业务员面前滔滔不绝分析市场形势的他,面对着病床上的妻子仅仅说了四个字:"我太忙了!"妻子原本有一肚子的委屈要向他倾诉,但此时看到他面容憔悴、头发蓬乱的模样,立即办理了出院手续。面对医生劝阻,这位爱夫深切又深明大义的妻子说:"厂子太难了,我得在他身边。"

27年间,从承包制的探索、三项制度改革、股份制的确立到公司运行体制的落地,一头青丝变白发,赵志全攻坚克难的改革豪情却丝毫未减。在他的带领下,一个仅有4间破旧厂房和19万元净资产的校办工厂,如今已发展为净资产60亿元的大型综合性制药集团,每年给国家交税超过7亿元。

改革的文化在鲁南制药显得气势磅礴。每年10月25日,鲁南制药都要组织盛大活动,以纪念1987年的承包经营。那一天,赵志全会亲自上阵,扭起大秧歌,带着员工们载歌载舞。这是厂庆,也是改革者的节日。赵志全说,搞企业改革就是解决困难的,只要有胆量、有信心,什么困难也挡不住鲁南制药。"不怕困难、挑战困难、战胜困难"的"鲁南制药精神",随着企业的每一次改革而历久弥新。

赵志全生前审批的最后一个项目,是一个投资高达2亿元的生物制药科研项目。2001年以来,鲁南制药平均每年科研经费投入占销售收入的比例都在9%以上,最高的年份达18%。如今走进鲁南制药,正对着公司大门的是高高耸立的科研中心;在它旁边,那座矮小的办公楼显得分外单薄。面对9%的科技投入,许多人不理解,为什么要把这么多资金投在科研上?赵志全的回答很简单:创新是企业发展的源泉。只有深化企业改革、强化科技创新,企业的发展才会有不竭活力。

鲁南制药的产品研发,经历从中药、西药到生物制药的综合发展。早在1989年,赵志全便与山东中医学院合作,开发出了国内首创并获得国际"金陵杯"金奖的新药"银黄口服液",产品一炮打响,投产后年产值达3 000万元。当时投放电视广告还是极为少见的事情,正值电视剧《渴望》热播,赵志全极具前瞻性地在电视台播放这部电视剧时投放了"银黄口服液"的广告,取得了轰动效应。

1991年,氯唑沙宗项目的奠基揭开了鲁南制药中西药兼产的序幕。2002年,鲁南制药又扩建新时代药业子公司,步入生物制药的新阶段,从此鲁南制药成为集科研、生产于一体的现代化医药产业基地。

环保是赵志全另一块始终坚守的阵地。2002年,在新时代药业建设初期,赵志全就力排众议,在环保方面立足高标准,投资3 600万元建造污水处理中心,日处理污水3 000吨,使污水达到淮河流域一级排放标准。2007年,他决定再投9 600万元建占地达100亩的大型污水处理站。2010年,他又投资1.8亿元,建成了万吨污水处理站,并通过"淮河流域污水治理项目"的环保验收。2005年,他就专门招聘了1名博士、8名硕士,成立了"污染控制与资源化研究中心"。

长期以来,人才匮乏一直是沂蒙山区发展的一大阻碍。为此,赵志全一次次掀起薪酬制度改革的浪潮。为了招贤纳士,他将科研人员的工资定得比老总还高,这成为鲁南制药一道独特的风景。

1989年,赵志全推动公司实现从档案工资到岗位工资的转变,继而实现计件工资。1994年,鲁南制药进行分配制度改革,高级工程师月薪为5 000元。2000年,公司规定博士月薪为8 000元,硕士为3 000元,这在当时的沂蒙山区可谓轰动一时。这种工资水平,哪怕在当时的北上广也不多见。2006年,公司还给每位博士免费配送了一辆崭新的桑塔纳轿车及一套130平方米的住房。

有这样一份2002年9月赵志全的工资单:收入6 002元,扣除水电费、房租等52.72元,实发工资5 949.28元。那时,一位企业老总动辄年薪百万乃至上千万元、坐着豪车住着洋房已不是稀罕事;而赵志全却仍然坐着已跑了50多万公里的桑塔纳,住着40多平方米的旧房子。与他们相比,赵志全的生活不单单是"简朴"一词所能形容的。

如今,鲁南制药拥有博士20余人、硕士600多人,在科研创新上获得国家科技进步二等奖6项,授权专利数量居国内医药企业第二位……

为了让财富更好地惠及员工,1988年的春天,赵志全从宏伟村征了9亩地。从此,福利分房让这家偏居一隅的民营企业一跃成为最为吸引人的地方,这也兑现了他在创办企业时的承诺:为员工创造美好生活!

"别人为首付和房贷苦恼时,我们免费住进了公司自建的员工楼;别人为孩子教育犯愁时,我们把小孩放心地交给专属的幼儿园,或是让孩子在离家一步之遥的小学接受教育。"鲁南制药二十一车间的一名员工说。

员工可以炫耀的福利实在太多:从1999年起,连续举办了14届集体婚礼,为新人提供免费住房、安家费、蜜月旅行。每年7月,员工除了享受1个月的带薪休假外,还有2 000元的旅游金。

赵志全喜好体育,但这种爱好不是个人化的,而是投入近亿元修建足球场、篮球场、网球场、游泳馆、KTV等各种设施。很多人会有疑问:一个搞企业的,尤其是民营企业,利润是第一原则,投入巨资建设这些体育设施干什么?

在职工运动会上的原音重现中,人们找到了答案。赵志全发自肺腑地说:"年轻人少上网,多参加文体活动……没有好身体,什么都干不了……没有舞台扎不下根,没有歌声留不住心。"

如今,不仅职工运动会连续举办了27届,元宵灯会、厂庆文艺晚会、职工歌咏比赛、职工技能比武等活动同样丰富多彩。这再次解答了赵志全的"创业之问":费尽心思创业是为了谁?创造财富是为了谁?

令人意想不到地是,赵志全从没在游泳馆中游过一次泳,盖的4 000多套房中没有给自己留下一套。走进他生前的住所,是一套使用面积仅40多平方米的旧房,狭小的客厅中摆上一张桌子,转身的空间所剩无几。从1985年到2005年,他一直住在这间旧房,而员工们先后搬进了100多平方米的新房。

从分房记录上看,他6次放弃分房机会。在一次分房大会上,他说:"企业里职工最辛苦,好房子应该让他们先住;我是党员领导干部,吃苦在前,享受在后。"

在采访中,员工重复最多的一句话是——赵总常说:"我深深爱着每一名员工"。

能力越大,责任越大。当一家小厂的总资产由540万元增加到91亿元时,伴随着掌声响而来的,除了全国十大杰出青年企业家、全国劳动模范、山东省优秀共产党员等荣誉称号外,赵志全最为看重的是"人大代表"身份。

2003年,赵志全当选为十届全国人大代表。提起做代表,赵志全说:"这可比经营好一个大企业难多了。"熟悉赵志全的人都知道,他从此有了"第二职业"——征求群众意见建议。

当了12年全国人大代表,赵志全积极履责,先后就教育乱收费、虚假广告、城乡规划、建立健全社会保障机制、新农村合作医疗、食品安全法修改、发展中医药事业、加快科技创新提出意见建议百余条。

在赵志全过世的8个月前,他还向十二届全国人大二次会议提交了"关于把发展实体经济提升为国家发展战略的建议""关于加大政府对企业研发经费投入的建议""关于推动科技人才向企业集聚的建议"等多条建议。

作为坚持不上市、做实业的企业家,赵志全认为中国制药业的竞争优势主要在于低成本,但创新能力比较弱,从而导致制药业大而不强、增长方式粗放、现代化水平较低。不少资本转向房地产市场、民间借贷,加剧融资难、融资贵的问题,制药业正常发展受到冲击,影响经济发展。

赵志全在自己参加的最后一次全国人大代表会议上,建议把建设创新型国家的目标落到实处,完善"工业强基"的政策支持,积极推进实体经济,夯实产业基础,深化经济体制改革和推进经济结构战略性调整。

赵志全热心社会公益事业,为贫困山区打井修路、捐助贫困大学生、向地震灾区捐款、捐药,在各类社会公益活动中捐款、捐物总额近亿元。

民营企业一般都是"家族管理,子女接班",但打开鲁南制药的员工花名册,所有中层以上的领导干部,竟无一人与赵志全有亲属关系。更令人惊诧的是,赵志全在去世后,把一个资产达百亿元的企业全权托付给了一个外人,而且没有安排家族中的任何人参与企业的经营管理。

新任党委书记、董事长、总经理张贵民也是在赵志全去世后才知道,自己要肩负起这个沂蒙山区最大纳税企业继续前行的使命。可谁又能想到,在赵志全离世的前一年,张贵民仅和他见过两次面,交谈的内容仅限于工作。

赵志全同志用生命书写了一位民营企业家的担当与追求,回答了"怎样做人,怎样做企业家,怎样做共产党员"等深层问题。做有担当、负责任的企业家,是赵志全一以贯之的追求。他积极构建和谐企业文化,坚持把社会主义核心价值观融入企业发展和实践,不断增强企业社会责任,在企业做强做大的同时,通过积极回报社会实现了企业和谐发展,体现了拳拳赤子豪情。

(资料来源:徐东升、费聿辉:《沂蒙精神与社会主义核心价值体系研究》,中央文献出版社 2012 年版;徐东升、孙海英:《红色文化符号》,九州出版社 2021 年版。)

【思考讨论】

1. 赵志全身上诠释了怎样的时代精神?
2. 赵志全的经历给新时代大学生择业、创业带来哪些启示?

【案例解析】

赵志全用 27 年,把一个濒临倒闭的工厂发展壮大成净资产 60 亿元的大型制药企业。在生命最后的 12 年里,他带领企业保持高速发展,生动诠释了一个共产党人与时俱进、开拓创新、爱党爱国的优秀品质。

赵志全身上所体现的大义忠诚、改革创新、勇于担当、敬业实干、无私奉献的价值追求和精神风貌，树立了企业家的良好社会形象，是新时期沂蒙精神的集中体现。

【教学建议】

赵志全的事迹，体现了一位企业家勇挑重担、无私奉献的责任担当，体现了不怕困难、挑战困难、战胜困难的勇气，向青年人展示了一位成功企业家所必备的责任意识、奉献精神和改革勇气。

本案例适用于《思想道德与法治》第一章第二节"正确的人生观"和第五章第三节"投身崇德向善的道德实践"的辅助教学。

"奋进有为 万象更新"
思政课教学案例之七

——以王传喜的故事为例

【案例正文】

千年古县山东兰陵,县城一隅,坐落着代村。代村有个好带头人,就是党支部书记王传喜。他身材魁梧、面庞黑红,一口男中音,厚实而稳重。这个敦实的汉子,引领了代村的发展热潮。

20多年前,山东省兰陵县代村集体负债380多万元,矛盾错综复杂,群众信访不断,是众人眼中的"落后村";如今,代村集体产业总产值26亿元、纯收入1.1亿元、村民人均纯收入高达6.5万元,成为产业兴旺、生态宜居、乡风文明、治理有效、生活富裕的"模范村"。

这一巨变背后,是代村社区党委书记、村委会主任王传喜带领干部群众的大干苦干。

代村之变,彰显了一位优秀党员的责任与担当,也展现了村级治理筚路蓝缕的改革创新路。

1999年3月,在村党支部换届选举中,全体党员一致推选在兰陵县第二建筑公司任项目部经理的王传喜为党支部书记。

回忆当初情形王传喜记忆犹新:"刚一上任,因为村里债务纠纷,我就接到法院传票。后面一两年中,又作为被告出庭100多次。"

不仅如此,由于交不起水电费,全村连续停水6个多月、三伏天停电1个多月。村中治安状况也很差,经常有群众家里进贼,甚至一晚上十几家被偷,最令人头疼的是,村民酗酒闹事、家庭邻里不和、村风民风日下……

村里的"惨状"让乡亲们痛心不已。据代村老人们回忆。当时代村共有河西、前圩子、后圩子3个自然村,大伙儿吵吵着要3个村分家单过,要把村里仅有的那点家底分光,但债务谁都不想要。

"代村再也不能这样乱下去了。"上任不久,王传喜就带领村干部挨家挨户走访村民,听他们"放炮""拍砖",最终梳理出债务缠身、人地不均、环境脏乱等80多个问题。

要想破局,先啃最硬的骨头。针对债务缠身问题,王传喜制定了"讲事实讲诚信,分期分批还款"的原则。"我们勒紧裤腰带过日子,村里一有钱就先还债。诚恳的态度加上科学的工作方法,在随后几年中,终于陆续还清了这些巨额债务。"王传喜说。

村民反映集中的问题还有人地不均。有的村民小组人均土地两三亩,有的村民小组人均土地却只有两三分,相差近10倍。2000年年初,王传喜等村干部一班人开始"动刀",通过反复研究制定了土地调整方案。

方案公布后村民们都在观望,一直没有人带头认领新地块。这期间,还有少数人变着法子阻挠调地,辛苦量出的地界,打上的木桩,好多被拔了,不知去向,剩下的也是东倒西歪。有人到王传喜家门前说三道四,半夜甚至有人朝院子里扔石头。

王传喜的妻子刘会芳说:"咱小日子本来过得滋滋润润,现在闹得鸡飞狗跳。快别干了!"面对王传喜的拒绝,妻子甚至以死相逼,但王传喜下定了决心。

"开弓没有回头箭,这一拳要是打不开,我们这届班子别再想有号召力,别再想干成事!"

面对困难,王传喜没有退却,一边走法律程序,形成文件报到镇里县里;一边走民主程序,耐心细致地做群众的思想工作,通过抓阄分地。

这是2000年,正值割麦子庄稼腾茬,时节不等人,王传喜当即决定成立后勤组,给老百姓又发草帽,又送水送饭,又插空给老百姓做动员工作,村干部和村民小组成员吃住都在地里。

再测量,再计算,立下近万个木桩,划定地界。

终于,地分成功了!

那一个个木桩,立的是正直,立的是公平,立的是认真,立的是热诚,立的是一心为民。

那木桩树立起了威信!

随后,王传喜又带领大家陆续开展了治安整治、环境整治、村风整治等多个专项行动,代村的面貌一天天在变好,终于稳住了、不乱了。

"不乱就行了吗?还要想尽一切办法,尽快让村民富起来、乐起来,村里强起来、美起来。"王传喜在广泛征求党员群众意见建议的基础上,前瞻性地制定了代村的发展规划。

规划不能挂在墙上,而要干到实处。早在2002年,村里调整并流转土地后,王传喜就带领村民搞"五园一带",即花卉园、果品园、蔬菜园、良种示范园、农业观光园和全民健身带。这已经是农业和旅游的初步结合了。敏锐的市场眼光和嗅觉,让王传喜具备了超前的判断力。他的每一次探索,都给代村带来新变化。2005年,王传喜抓住农业产业化发展的有利时机统一流转了全村2 600亩土地,2007年又流转了毗邻5个村的土地7 000余亩,高标准规划建设了现代农业示范园。2007年,他请中国农科院的专家规划设计了万亩农业示范园,紧锣密鼓地干了起来。2010年,代村又投资建设开发了"千亩万户"大市场——代村商城,进驻经营户3 000多家,年交易额达到60亿多元,集体经济收入4 000多万元。2012年,投资10亿元、规划占地2万亩的国家农业公园拔地而起。

如今走进坐落在代村的"兰陵国家农业公园",满眼都是各种特色蔬菜水果,还有异域风情的热带雨林王国、花香扑鼻的兰花馆以及古香古色的沂蒙山农耕博物馆、沂蒙老街等等。小火车静静停在窄轨上,村委委员王传海说,初春坐小火车赏千亩油菜花,是难得的享受。这个由王传喜一手推动、打造的现代农业景观,远近闻名,2017年游客达近百万人,光门票收入就达3 000多万元。

在全村各项事业蓬勃发展之时,代村群众的日子也是越过越红火。"村集体经济的增收,最终要体现在村庄发展和群众生活改善上,让群众有更多的获得感。"王传喜说,村里优质资源、经济项目由集体统一运营,按照市场规律企业化运作,然后通过分红、补助等形式反哺、惠及每一位村民。

截至2018年,代村实行了16项社会保障政策,每年向居民发放米面油等生活用品、发放住房补贴、支付新型合作医疗资金、安排60岁以上老年人免费入住老年公寓、实行居民子女助学奖学等,逐步解决了群众就业、教育、就医、养老、住房等问题。

在代村,村民幼有早育、学有优教、劳有多得、病有良医、老有颐养、住有宜居、弱有帮扶,全村人走上了"离土不离乡、就地城镇化"的道路。

随着村庄经济条件和硬件设施逐渐改善,王传喜工作日志的重点又慢慢变成了改善村风民风。

目前,代村正在大力弘扬"爱国爱村、大气谦和、朴实守信、勇于拼搏"的"代村精神",还制定了《红白理事会章程》,成立了红白理事会,坚持"婚事新办、丧事简办",践行好社会主义核心价值观。

另外,代村每年都举办"村道德模范""十星级文明户""美在农家""好媳妇、好婆婆"评选奖励活动,建设了"村史馆""农耕文化墙""孝文化墙""农民书屋""妇女儿童活动中心""科普法治文化一条街",引导村民自觉遵守社会公德、家庭美德,营造了积极健康向上的社会主义新风尚。

王传喜经常对代村"两委"干部讲,当村干部就是给群众"打工",要舍得下力气、多吃苦吃亏,并且不贪不沾。干部"亏"得越多,群众"得"的也就越多。

他是这样说的,更是这样做的。

任职以来,王传喜始终坚持"一天两会"的办公制度,村"两委"每天早晚雷打不动地开办公会。他自己早上天不亮就到办公室,晚上10点才回家。好的带头人才能带出一个好班子。"既然全村的老少爷们相信咱,选举咱当村干部,就要对得起大伙儿这份信任,一定要把全村的事情办好,不辜负大家的期望。"王传喜经常这样对村干部们说。

"村民富不富,关键看支部。"王传喜注重把那些既是好人又是能人的党员吸收进村委会,现在村"两委"干部中几乎都是致富带头户。他还制定了党员帮带联系户制度,先富带后富,走共同富裕道路。在调整土地、拆迁旧房等工作中,党员干部都带头冲在前面。"公生明,廉生威。"王传喜经常拿这句话告诫村干部,并"约法三章":村里的工程绝不许亲朋好友插手,惠民政策绝不因沾亲带故徇私,干部选用绝不让直系亲属沾光。

这些年来,"两委"班子经历过6次换届选举,除正常退休外,没有一人因非正常原因落选。村干部经手的钱物上亿元,没有一人因此栽跟头。"全国文明创建先进村镇""中国美丽乡村""中国最美休闲乡村"……各种金光灿灿的奖牌和荣誉证书摆满了村委会接待室的一面墙。这是对王传喜,也是对这个"两委"班子、对这个先进村的最大褒奖。

在这个平凡的岗位上,王传喜尽心竭力,以共产党员的先锋模范作用,影响着全村党员干部群众,把一个人心散、村风乱、人均负债1000多元的落后村庄,变成了远近闻名的社会主义新农村建设示范村庄。他先后被评选为临沂市劳动模范、临沂市"十佳文明市(村)民"、临沂市优秀青年星火科技带头人、临沂市"十大新闻人物"、临沂市计划生育先进工作者、临沂市婚育新风进村宣教进村先进个人;中共山东省思想政治工作先进个人、山东省第九次党代会代表、山东省劳动模范。

党的十九大描绘了乡村振兴的美好蓝图,亿万农民无不欢欣鼓舞。但是,推进乡村振兴的具体工作能不能落在实处,基层干部的作用无疑至关重要。山东兰陵县代村社区党委书记、村委会主任王传喜20多年来的过硬表现,为乡村振兴所需要的基层干部树立了一个鲜明的标杆。

(资料来源:徐东升、费聿辉:《沂蒙精神与社会主义核心价值体系研究》,中央文献出版社2012年版;中共中央宣传部教育局:《时代楷模 王传喜》,学习出版社2018年版;《敢啃硬骨头 一心为乡亲——记山东兰陵县下庄镇代村党支部书记王传喜》,《人民日报》2018年01月22日第6版。)

【思考讨论】

1. 代村的变化给青年人带来哪些启示?
2. 王传喜身上体现了沂蒙精神的哪些特质?

【案例解析】

王传喜受命于艰难之日,坚持脚踏实地、为民服务的理念,敢啃"硬骨头",开展了土地调整、治安整治、环境整治、村风整治等,使代村面貌焕然一新。

王传喜锐意进取,勇闯新路,抓住农业产业化发展机遇,通过大规模土地流转,高标准规划建设了现代农业示范园、代村商城、国家农业公园等,为集体经济探索了一条可持续发展之路,并按照市场规律企业化运作,通过分红、补助等形式反哺、惠及每一位村民,让村民走上了致富路。

王传喜用实际行动践行着一名共产党员的社会责任和全心全意为人民服务的宗旨。他不忘党员身份,不负群众重托,坚持务实、创新、拼搏,用经得起检验的成绩,用村民一致赞赏的口碑,向人民群众提交了一份满意的答卷。

【教学建议】

王传喜身上体现了信念坚定、对党忠诚的政治品质,以身作则、清正廉洁的高尚情操,主动作为、勇于担当的优秀品格。他自觉把个人价值追求融入国家富强、民族振兴、人民幸福的伟大实践,绘就农业强、农村美、农民富的乡村振兴的美丽画卷。

本案例适用于《思想道德与法治》第二章"追求远大理想　坚定崇高信念"和第五章"遵守道德规范　锤炼道德品格"的辅助教学；同时适用于《习近平新时代中国特色社会主义思想概论》第六章第四节"二、全面推进乡村振兴"的辅助教学。

后　　记

习近平总书记2024年5月对学校思政课建设作出重要指示指出,党的十八大以来,党中央始终坚持把学校思政课建设放在教育工作的重要位置,党对思政课建设的领导全面加强,各级各类学校社会主义办学方向更加鲜明,思政课教师乐教善教、潜心育人的信心底气更足,广大青少年学生"四个自信"明显增强、精神面貌奋发昂扬,思政课发展环境和整体生态发生全局性、根本性转变。

为了推动党的二十大精神和习近平新时代中国特色社会主义思想进教材、进课堂、进头脑,中宣部、教育部组织专家对高校开设的思想政治理论课教材《马克思主义基本原理》《毛泽东思和中国特色社会主义理论体系概论》《中国近现代史纲要》《思想道德与法治》进行了多次修订,并且增加了《习近平新时代中国特色社会主义思想概论》。

我们以沂蒙地区特有的思政资源——沂蒙红色文化和沂蒙精神为特色和抓手,结合多年来的思政教育经验与实践,提炼总结了一套与2023年版高校思想政治理论课教材相辅相成的案例集,旨在帮助青年学生更好地领悟党的二十大精神和习近平新时代中国特色社会主义思想,努力培养更多让党放心、爱国奉献、担当民族复兴重任的时代新人。

沂蒙精神和沂蒙红色文化是对广大青年学生进行思想政治教育和革命传统教育的重要内容和生动载体。这本《高校思政课教学案例集》,主要选用沂蒙历史上的一些典型人物和典型事件来进一步阐释以"党群同心、军民情深、水乳交融、生死与共"为主要内容的沂蒙精神,以增强高校思想政治理论课的教学效果,以典型事例来教育当代大学生。

《高校思政课教学案例集》是山东人文社会科学联合基金项目2023年度沂蒙精神与革命文物研究专项"沂蒙精神与中国共产党人精神谱系研究"(项目批准号:2023-LHYM-06)的阶段性成果,也是教育部人文社科重点研究基地:临沂大学——华东野战军总部旧址暨新四军军部旧址纪念馆、国家革命文物协同研究中心,山东省社科理论重点研究基地——红色文化与沂蒙精神研究基地,

"十三五"山东省高等学校人文社会科学研究基地——沂蒙文化研究基地和临沂大学沂蒙精神研究创新团队的重要研究成果之一。《高校思政课教学案例集》一书由徐东升、陈三营、李文斐、谢俊担任主编,孙海英、刘慧、张光远、李婧担任副主编。参加此书撰稿的人员还有:卢中华、王津、王磊、孙兆洋、陈晓、刘昆仑、孙硕、张鹏。此书由徐东升、陈三营、李文斐、谢俊统稿,最后由徐东升定稿。

《高校思政课教学案例集》中每一个案例后面都有思考讨论、案例解析、教学建议等内容,目的是将案例集的内容与2023年版高校思想政治理论课的教学有机结合起来,做到紧扣主题,活学活用。

《高校思政课教学案例集》的出版工作得到了上海大学出版社的关心和支持,在此一并表示衷心的感谢。

徐东升
2024 年 5 月